INSTRUCTIONS
POPULAIRES

SUR LE CALCUL

DES PROBABILITÉS;

PAR A. QUETELET.

Mundum numeri regunt.

Bruxelles,

CHEZ H. TARLIER ET M. HAYEZ,

RUE DE LA MONTAGNE.

M DCCC XXVIII.

INSTRUCTIONS

POPULAIRES

SUR LE CALCUL

DES PROBABILITÉS

OUVRAGES DU MÊME AUTEUR,

———

Positions de physique, ou Résumé d'un cours de physique générale, 3 vol. in-18 (le 3ᵉ vol. paraitra sous peu).

Astronomie élémentaire, 1 vol. in-12.

Astronomie populaire, 1 vol. in-18.

Recherches sur la population, les naissances, etc., 1 vol. in-8°.

Correspondance mathématique et physique; Recueil périodique, in-8°, dont le 4ᵉ vol. parait actuellement.

Préface.

—

Ce petit ouvrage, que je livre au public, est le résumé des leçons que je donne depuis plusieurs années au *Musée* de Bruxelles, pour servir d'introduction à mes cours de physique et d'astronomie. Il m'a paru que le *calcul des probabilités*, malheureusement trop négligé, devrait, d'après l'état actuel des lumières, servir de base à l'étude de toutes les sciences et particulièrement des sciences d'observation. La plupart de nos connais-

sances ne reposent en effet que sur
des probabilités plus ou moins fortes,
que le vulgaire apprécie vaguement
et comme par instinct, mais que le
philosophe ou du moins l'homme qui
aspire à mériter ce titre, doit savoir
apprécier d'après des règles sûres.
Presque tous nos préjugés naissent
de cette habitude de prononcer sur
de simples aperçus, mais ils ne sauraient soutenir un examen rigoureux.
Partout où les choses ont pu être
exprimées par des nombres, on a pris
les nombres pour guides ; on a cessé
de discuter pour compter ; au lieu de
mots, on a voulu des faits. Le calcul
des probabilités qui n'avait d'abord

pour objet que la considération des jeux de hasard, prit bientôt un essor plus élevé ; il prêta sa lumière à l'homme d'état pour régler les élections, pour examiner les modes d'organisation des tribunaux les plus avantageux : il guida la marche de l'observateur dans ses recherches sur les naissances et les décès ; fixa les bases des sociétés d'assurances, jeta un nouveau jour sur le système de notre univers et donna naissance à la statistique, cet arsenal redoutable où l'orateur, en montant à la tribune, va prendre aujourd'hui ses armes les plus sûres.

Le titre de cet opuscule annonce

assez que je n'ai point écrit pour les
savans, qui pourront recourir avec
plus de succès aux ouvrages de *La-*
croix, de *Parisot*, de l'illustre *La*
Place, etc., auxquels j'ai fait moi-
même de nombreux emprunts. Les
leçons XII et XIII sont extraites en
grande partie de l'excellente introduction aux *recherches statistiques sur*
la ville de Paris, qui est due à l'un
des géomètres les plus distingués de
cette époque : la règle des *moin-*
dres carrés, qui n'était guère em-
ployée que par les astronomes versés
dans les connaissances des hautes
mathématiques, y est exposée avec
une clarté qui en permet l'usage aux

observateurs les moins exercés aux calculs. Je dois cependant prévenir que je suppose dans mes lecteurs la connaissance des premières règles de l'arithmétique, connaissance que, d'après l'état actuel de l'enseignement en Belgique, on peut raisonnablement supposer à toute personne qui sait lire et écrire. Je m'estimerai fort heureux si ce faible essai peut être de quelqu'utilité, et ramener l'attention sur une branche des mathématiques éminemment en harmonie avec les progrès actuels des sciences.

SUR LES SIGNES

—

+ *Plus*, signe d'addition.

— *Moins*, signe de soustraction.

$\times$ *Multiplié par*, signe de multiplication; quelquefois on le remplace par un point; ainsi on écrira indistinctement 3×4 ou $3 . 4$ pour indiquer que 3 doit être multiplié par 4 : les nombres 3 et 4 sont les deux *facteurs* du *produit* 12. Quand un même facteur est répété plusieurs fois dans un même produit, on emploie une notation plus simple, ainsi 3^2 représente 3×3, et 5^3 représente $5 \times 5 \times 5$.

Pour indiquer qu'une quantité doit être divisée par une autre, on écrit la première au-dessus de la seconde, en séparant l'une de l'autre par un trait horizontal; ainsi $\frac{15}{6}$ indique que 15 doit être divisé par 6. On dit que les nombres écrits de la manière précédente, sont mis sous forme *fractionnaire*; 15 est le *numérateur*, et 6 est le *dénominateur*.

On nomme *carré* d'un nombre, le produit de ce nombre multiplié par lui-même; par exemple, 25 et le carré de 5; 36 est le carré de 6. La racine carrée d'un nombre est une quantité telle qu'en la multipliant par elle-même, elle reproduit le-nombre proposé : par exemple, 5 est la racine carrée de 25; 6 est la racine carrée de 36. On indique de cette manière $\sqrt{25}$ qu'il faut extraire la racine carrée de 25; de même $\sqrt{36}$ indique 6, la racine carrée de 36.

Pour montrer que deux quantités sont égales, on les sépare par le signe $=$.

INSTRUCTIONS

POPULAIRES

SUR LE CALCUL

DES PROBABILITÉS.

PREMIÈRE LEÇON.

—

De la certitude et de la probabilité.

QUAND différens cas peuvent donner
naissance à un événement , on les
nomme les *chances* de cet événement.

EXEMPLES. Le tirage d'un numéro à
la loterie présente 90 chances; puisque
90 numéros différens peuvent amener
l'événement attendu. Le jet d'un point
désigné, avec un dé ordinaire, présente

six chances ; puisque le dé, en tombant sur l'une ou l'autre de ses six faces, peut amener l'événement attendu.

Quand la nature de l'événement qu'on espère est désignée , il existe deux espèces de chances , les unes *favorables* et les autres *contraires* à l'événement espéré.

Ex. Pour le tirage d'une figure dans un jeu de 32 cartes, on a 12 chances favorables , c'est-à-dire autant que de figures , et 20 chances contraires.

Quand toutes les chances sont favorables à l'événement attendu, leur ensemble constitue la *certitude*.

Ex. Une urne contient trois boules blanches , et l'on espère d'en extraire une boule blanche; toutes les chances

étant favorables, on dit qu'on a la certitude de l'arrivée de l'événement espéré.

Quand il n'y a qu'un certain nombre
de chances favorables à l'événement
attendu, cet événement est *probable.*

Ex. Si une urne renferme trois boules, une blanche et deux noires, la sortie
de la boule blanche est un événement
probable ; sur trois chances, on n'en
a qu'une seule favorable. On espère de
prendre un *roi* dans un jeu ordinaire
de 32 cartes ; cet événement est encore
probable : sur 32 chances on n'en a
que 4 favorables, l'un ou l'autre de
quatre *rois* que peut amener le tirage.

Tous les événemens ne sont pas *également probables*, et leurs degrés diffe-

rens de probalité se mesurent par la quantité plus ou moins grande des chances favorables.

Ex. Une urne contient 20 boules blanches et 5 noires; la sortie d'une boule blanche offrant plus de chances favorables que la sortie d'une boule noire, on dit qu'elle est plus probable que l'autre. De même, dans un jeu de 32 cartes, le tirage d'une figure est moins probable que celle d'une autre carte.

Le calcul qui enseigne à trouver le degré de probabilité d'un événement se nomme *calcul conjectural* ou *calcul des probabilités*.

Dans certains cas le nombre des chances d'un événement est *limité* et *calculable*, c'est ce qui a lieu pour la plupart des jeux de hasard; on peut alors estimer généralement avec assez de facilité la probabilité de cet événement, comme nous le verrons dans ce qui va suivre. Dans d'autres cas, le nombre des chances est *illimité*; c'est ce qui a lieu pour la plupart des sciences d'observation. On doit alors estimer la probabilité de l'événement au moyen d'un certain nombre de chances que l'on obtient par expérience. La considération de ces sortes de probabilités formera la seconde partie de cet essai : pour donner dès à présent un exemple de leur existence, supposons une urne renfermant un nombre infini de boules dont on ne connaît pas les couleurs ;

1.

on sait seulement que, dans un grand
nombre de tirages, on n'a jamais extrait de cette urne que des boules blanches, et l'on demande quelle est la probabilité que l'urne ne contient que des
boules de cette couleur. Nous dirons
ici qu'il est probable que l'urne ne contient que des boules blanches; nous ne
regardons pas en effet cette assertion
comme une certitude ; car il pourrait,
par exemple, se trouver dans l'urne une
ou plusieurs boules noires qui n'en
ont pas encore été tirées. De même ,
quoiqu'ayant vu avec régularité, depuis
plusieurs milliers d'années, le soleil se
lever périodiquement pour amener le
jour , nous devons regarder comme
probable seulement que cet astre se

levera encore demain; car il existe
peut être telle loi dans la nature qui ne
s'est pas encore manifestée et qui em-
pêchera demain le lever du soleil. Nous
n'avons peut être pas été a même
d'examiner toutes les chances possibles.

On conçoit néanmoins qu'il est des
probabilités si fortes qu'on peut les regarder à peu près comme des certitudes.

Ex. Dans ce cas sont les probabilités de voir le soleil se lever demain;
ou de tirer une boule blanche d'une
urne dont, après un nombre considérables de tirages, on n'a jamais extrait
que des boules blanches, on peut y
ajouter aussi la probabilité de vivre
encore dans cinq minutes, pour un

homme bien constitué et bien portant.
On ne fait pas difficulté de la prendre
comme une certitude, quoique l'on ait
vu bien souvent l'homme qui promet-
tait le plus de jours, frappé par une
mort subite.

Nous regarderons toujours les événemens comme dépendans de causes
qui les produisent; et le *hasard* ne
sera considéré par nous que comme
l'ignorance ou nous sommes de ces
vraies causes. On dit qu'un grain de
poussière , qu'une simple molécule
d'air ou de vapeur flotte au hasard, cependant comme l'observe l'illustre *De
la Place* , la courbe décrite est réglée
d'une manière aussi certaine que les
orbites planétaires; il n'y a de diffé-

rence entre elles que celle qu'y met notre ignorance.

Questions.

Que nommez-vous chances d'un événement?

Que nommez-vous chances favorables et chances contraires d'un événement?

Qu'est-ce que la certitude?

Qu'est-ce que la probabilité?

Donnez des exemples de la certitude et de la probabilité; y a-t-il différens degrés de probabilité?

Qu'est-ce que le calcul conjectural ou calcul des probabilités?

Le nombre des chances d'un événement est il toujours limité et calculable?

Quand le nombre des chances d'un événement est illimité, peut-on estimer encore la probabilité de cet événement?

Est-il des probabilités assez grandes pour pouvoir être considérées comme des certitudes ?

Comment devons-nous considérer ce qu'on nomme le *hasard*?

IIᵉ LEÇON.

—

De la probalité mathematique.

Dᴀɴs le cas où toutes les chances d'un événement sont également possibles, *la probabilité mathématique s'estime en divisant le nombre de chances favorables à l'événement par le nombre total des chances.*

Exᴇᴍᴘʟᴇs. Si une urne contient trois boules blanches et deux noires, on a trois chances favorables sur cinq chances pour la sortie d'une boule blanche; et l'on dit que la probabilité mathématique de l'événement attendu est $\frac{3}{5}$.

De même la probabilité mathématique de prendre une figure dans un jeu de 32 cartes est $\frac{12}{32}$; puisque sur les 32 cartes, on compte 12 figúres.

La probabilité *contraire* à l'événement attendu s'estime de la même manière; c'est-à-dire en divisant le nombre de chances défavorables par le nombre total des chances.

Ex. Dans les exemples précédens, les probabilités contraires aux deux événemens attendus étaient $\frac{2}{5}$ et $\frac{20}{32}$.

En général, chaque événement incertain donne lieu à deux probabilités opposées, savoir : celle que cet événement arrivera, et celle qu'il n'arrivera pas; et la somme de ces deux probabilités est toujours égale à *l'unité.*

Ex. La probabilité de prendre une figure dans un jeu de 32 cartes est $\frac{12}{32}$, la probabilité contraire est $\frac{20}{32}$, et la somme de ces probabilités est $\frac{12}{32}$ plus $\frac{20}{32}$ ou bien 1. *Il suffira donc par la suite de soustraire de 1 la probabilité mathématique favorable à l'événement, pour avoir la probabilité contraire.* La probabilité mathématique d'un événement doit, d'après ce qui précède, être exprimée par une fraction proprement dite, puisque le nombre des chances favorables ne peut surpasser le nombre total des chances.

On conçoit que plus le nombre des chances favorables à l'événement que l'on considère, sera considérable par rapport au nombre total des chances possibles, plus la probabilité de cet événement sera forte.

Ex. La probabilité $\frac{12}{32}$ est plus grande que la probabilité $\frac{4}{32}$; on exprimerait de la première manière la probabilité mathématique de prendre une figure dans un jeu de 32 cartes ; et de la seconde, la probabilité mathématique de prendre un des quatre as.

Quand toutes les chances deviennent favorables, il y a *certitude*, et le numérateur de la fraction devient égal au dénominateur, ensorte que *l'unité est le symbole de la certitude.*

Quand on veut *comparer* deux probabilités mathématiques, il faut les réduire au même dénominateur.

Ex. On demande si le jet de l'*as*
avec un dé à six faces est plus probable
que le tirage d'une figure en cœur dans
un jeu de 32 cartes. Or, la première
probabilité est $\frac{1}{6}$, et la seconde $\frac{3}{32}$,
ces fractions réduites au même déno-
minateur donnent $\frac{32}{192}$ et $\frac{18}{192}$. Le premier événement est donc plus probable
que le second.

Le défaut d'habitude où nous sommes d'estimer les probabilités des
événemens incertains, fait que nous
nous trompons la plupart du temps
très-grossièrement sur leurs valeurs; il
nous faudrait avant tout un *terme comparable*, qui pût nous servir pour
rectifier nos jugemens : le moyen le
plus simple semblerait être de concevoir

les chances favorables et défavorables
représentées numériquement par des
boules blanches et noires qui seraient
contenues dans une urne : l'arrivée de
l'événement attendu serait assimilée de
cette manière au tirage d'une boule
blanche.

Ex. Qu'elle est la probabilité de jeter
l'*as* avec un dé à six faces ? Comme
nous n'avons qu'une chance sur six, la
probabilité est $\frac{1}{6}$, la même que celle
de prendre une boule blanche dans une
urne qui contient six boules , savoir :
une blanche et cinq noires; ou bien
encore qu'elle est la probabilité de
prendre un roi dans un jeu de 32 cartes ? Comme nous avons 4 chances favorables sur 32, la probabilité est $\frac{4}{32}$.

la même que celle de prendre une boule
blanche dans une urne qui contient 32
boules, savoir : 4 blanches et 28 noires.

En faisant croître ou décroître dans
le même rapport, le nombre des chances favorables et celui de toutes les
chances possibles, la probabilité reste
la même ; ainsi au lieu de la probabilité
$\frac{4}{32}$ on peut prendre la probabilité $\frac{1}{8}$ qui
lui est égale. La probabilité de prendre
une boule blanche dans une urne qui
contient 32 boules, savoir : 4 blanches
et 28 noires, est donc la même que celle
de prendre une boule blanche dans une
urne qui contient 8 boules, savoir :
une blanche et 7 noires ; ce moyen de
simplification qui dépend de la pro-

priété des fractions, nous sera souvent utile.

Le moyen que nous avons indiqué pour estimer la valeur des probabilités, présente cependant un inconvénient, c'est qu'il nous serait assez difficile d'apprécier quelle grandeur doit atteindre la probabilité pour pouvoir être classée parmi les probabilités que nous avons l'habitude de considérer comme des certitudes. Le meilleur terme de comparaison semblerait être la probabilité de vivre encore un certain espace de temps. Cette *mesure* nous sera plus sensible, par le prix que nous attachons généralement à la vie, que tout autre plus précise dont nous sommes rarement dans le cas d'user. Or,

jetons les yeux sur une table de mortalité ; sur celle des provinces méridionales des Pays-Bas , par exemple ; nous
verrons que sur 51956 jeunes gens de
20 ans, le dixième a cessé d'exister au
bout de 7 ans environ. Ainsi à cet âge
la probabilité de mourir dans l'espace
de 7 ans est $\frac{1}{10}$, c'est-à-dire un peu
moindre que la probabilité de prendre
du premier coup un roi dans un jeu de
32 cartes. En faisant des calculs semblables pour les époques auxquelles
cessent d'exister successivement le $\frac{1}{100}$,
le $\frac{1}{1000}$ des 51956 jeunes gens que nous
avons considérés précédemment, on
forme le petit tableau suivant , auquel nous pourrons recourir par la
suite.

PROBABILITÉ	DE MOURIR AVANT.
$\dfrac{1}{10}$	7 ans.
$\dfrac{1}{100}$	8 mois.
$\dfrac{1}{1000}$	25 jours.
$\dfrac{1}{10,000}$	60 heures.
$\dfrac{1}{100,000}$	6 id.
$\dfrac{1}{1,000,000}$	36 minutes.
$\dfrac{1}{10,000,000}$	4 id.
$\dfrac{1}{100,000,000}$	22 secondes.
$\dfrac{1}{2,000,000,000}$	1 id.

On conçoit que ces résultats ne peuvent être pris que d'une manière géné-

rale, et qu'ils ne sont pas applicables à
un individu en particulier, qui serait
actuellement bien portant ; il faut les
considérer comme les probabilités que
l'enfant qui vient de naître, s'il atteint
l'âge de 20 ans, mourra avant un certain
temps désigné dans le tableau.

Ex. Supposons maintenant que l'on
cherche à savoir quelle est la probabilité qu'en prenant les lettres du mot
Constantinople et qu'en les jetant en
l'air, elles recomposeront le même mot.
On sait par des calculs qui ne peuvent
trouver place ici, que nos 14 lettres
peuvent être arrangées de plus de
87,000,000,000 manières différentes,
en ne reproduisant que 24 fois le même
mot; on aurait donc pour probabilité

du jet désiré $\dfrac{24}{87,000,000,000}$, c'est-à-dire une probabilité moindre que celle de mourir dans l'espace d'une seconde, à l'âge de 20 ans. Or, nous ne faisons pas difficulté de regarder comme certain que l'enfant qui vient de naître, s'il atteint l'âge de 20 ans, pourra compter encore sur une seconde d'existence; on peut donc regarder aussi comme certain qu'on ne jettera pas du premier coup le mot *Constantinople* avec les lettres qui le composent.

Nous croyons pouvoir poser qu'en général on ne ferait pas difficulté d'admettre comme une certitude que l'enfant qui vient de naître, s'il atteint l'âge de 20 ans, pourra vivre encore 36 minutes; or, cet événement a pour probabilité contraire $\dfrac{1}{1,000,000}$. Ainsi nous regarderons comme à peu près certains les événemens qui n'ont pour probabilités contraires que des fractions moindres qu'un millionième; tel serait le tirage d'une boule blanche dans une urne qui contiendrait 1 million de boules, savoir : 999,999 blanches et une noire.

Questions.

Quelle est la probabilité mathématique d'un événement ?

Donnez des exemples du calcul de la probabilité mathématique ?

Comment calcule-t-on la probabilité contraire à l'événement ?

Quelle est la valeur des deux probabilités d'un événement ?

La probabilité mathématique peut-elle être plus grande que l'unité ?

Comment représente-t-on mathématiquement les divers degrés de probabilités ?

Quand y a-t-il certitude ?

Quel est le symbole de la certitude ?

Comment rend-on les probabilités comparables ?

Ne serait-il pas désirable d'avoir un terme comparable pour se faire une juste idée de la grandeur relative des probabilités ?

Peut-on simplifier l'expression d'une probabilité mathématique ?

Quels moyens pourrait-on employer pour obtenir une mesure de la valeur absolue des probabilités ?

Dans quel cas considérons-nous ha-
bituellement comme certain un événement qui n'est que probable ?

———

IIIᵉ LEÇON.

De la probabilité simple et de la probabilité composée.

QUAND un événement dépend de plusieurs événemens *indépendans* les uns des autres, on dit qu'il est *composé*.

EXEMPLE. Le jet successif de l'*as* et du point *deux*, avec un dé ordinaire à six faces, est un événement composé qui dépend de deux événemens entièrement indépendans l'un de l'autre, savoir : le jet de l'*as* et celui du point *deux*.

Les événemens indépendans les uns des autres sont des événemens *simples*. Dans notre exemple précédent, l'arrivée

de l'événement composé dépendait de
deux événemens simples qui sont le jet
de l'*as* et celui du point *deux*.

Nous avons vu dans la leçon précédente que la probabilité d'un événement simple que nous nommerons *probabilité simple*, s'estime en divisant le
nombre de chances favorables par le
nombre total des chances.

*La probabilité composée, c'est-à-dire
la probabilité mathématique d'un événement composé, s'obtient en faisant
le produit des probabilités de tous les
événemens simples dont cet événement
composé dépend.*

Ex. La probabilité de jeter l'*as* et
puis le point *deux* avec un dé ordinaire, se calculerait de la manière sui-

vante : la probabilité d'amener un *as*
avec un dé est $\frac{1}{6}$; et celle d'amener le
point *deux* est également $\frac{1}{6}$: Le produit
de ces deux probabilités particulières ou
bien $\frac{1}{6} \times \frac{1}{6} = \frac{1}{36}$ forme la probabilité
de l'événement attendu : en effet, on
reconnaîtra avec un peu d'attention
qu'il y a 36 chances également possibles sur lesquelles une seule est favorable, comme on peut le voir en for-
mant le tableau suivant :

1 et 1	2 et 1	3 et 1	4 et 1	5 et 1	6 et 1
1 . 2	2 . 2	3 . 2	4 2	5 2	6 2
1 . 3	2 . 3	3 . 3	4 3	5 3	6 3
1 4	2 . 4	3 . 4	4 4	5 4	6 4
1 5	2 . 5	3 . 5	4 5	5 5	6 5
1 6	2 . 6	3 . 6	4 6	5 6	6 6

Quelle est la probabilité de pren
dre successivement l'as, le roi, la dame
et le valet de cœur dans un jeu de 32
cartes, en ayant chaque fois l'attention de remettre dans le jeu la carte
tirée? L'événement composé dépend ici
de quatre événemens simples, qui ont
chacun leur probabilité égale à $\frac{1}{32}$; la
probabilité composée vaudra donc
$\frac{1}{32} \times \frac{1}{32} \times \frac{1}{32} \times \frac{1}{32}$ ou bien $\frac{1}{1,048,576}$.
Ainsi l'événement que l'on attend est
moins probable que la supposition
qu'un enfant qui vient de naître, mourra
précisément pendant les 36 minutes qui
suivront l'instant où il aura atteint sa 20ᵉ
année. Nous avons déjà vu que des événemens qui ont une si faible probabilité
sont considérés comme extraordinaires

3.

ou tout au moins comme peu communs.

Quelle est la probabilité de jeter 20 fois de suite *croix*, au jeu de *pile* ou *croix*? Nous n'avons ici que deux chances dont une est favorable : la probabilité simple est donc $\frac{1}{2}$; la probabilité composée sera $\left(\frac{1}{2}\right)^{20}$, c'est-à-dire moindre que $\frac{1}{1,000,000}$; il faut donc encore ranger parmi les choses que nous considérons comme extraordinaire l'arrivée de *pile* vingt fois de suite.

Un fait qui, sans être extraordinaire, n'a aucune probabilité par lui-même nous est transmis par vingt témoins, de manière que le premier l'ait transmis au second, le second au troisième et ainsi de suite, on demande quelle

est la probabilité du fait, sachant que
la probabilité de chaque témoignage
est égale à $\frac{9}{10}$ (*)? On aura pour la
probabilité demandée $\left(\frac{9}{10}\right)^{20}$, c'est-à-
dire moins que $\frac{1}{8}$. Le fait sera donc
moins probable que le tirage d'un as
dans un jeu de 32 cartes.

« On ne peut mieux comparer cette
diminution de la probabilité, comme
l'a observé M. *De la Place*, qu'à l'extinction de la clarté des objets, par
l'interposition de plusieurs morceaux
de verre ; un nombre de morceaux peu
considérable, suffisant pour dérober
la vue d'un objet qu'un seul morceau

(*) C'est-à-dire que sur 10 témoignages, on
peut en compter 1 faux.

laisse apercevoir d'une manière distinc-
te. Les historiens ne paraissent pas
avoir fait assez d'attention à cette dé-
gradation de la probabilité des faits ,
lorsqu'ils sont vus à travers un grand
nombre de générations successives ;
plusieurs événemens historiques, répu-
tés certains , seraient au moins douteux, si on les soumettait à cette
épreuve. »

Questions.

Qu'est-ce qu'un événement composé ?
Qu'est-ce qu'un événement simple ?
Que nomme-t-on probabilité simple
et probabilité composée ?
Comment calcule-t-on la probabilité
simple et la probabilité composée ?

Donnez un exemple du calcul de la probabilité composée dans le jet des dés?

Donnez un exemple du calcul de la probabilité composée dans le tirage des cartes ?

Donnez un exemple du calcul de la probabilité composée dans l'estimation des témoignages ?

Comment peut-on se représenter la diminution de la probabilité ?

IVe LEÇON.

—

De la probabité relative.

Q̃UOIQUE nous n'ayons considéré jusqu'à présent que deux espèces de cas, il peut cependant s'en présenter un plus grand nombre.

EXEMPLE. Si l'on demandait la probabilité de prendre dans un jeu de 32 cartes, une figure ou bien un as ; on aurait trois événemens possibles dont les probabilités seraient :

$\dfrac{12}{32}$ pour une figure.

$\dfrac{4}{32}$ pour un as.

$\dfrac{16}{32}$ pour une carte qui n'est ni un as , ni une fig.

Si dans une urne on avait 20 boules, savoir : 8 blanches, 4 noires, 3
rouges et 5 vertes ; on aurait, pour le
tirage, quatre sortes de chances dont
les probabilités seraient :

$\frac{8}{20}$ pour une boule blanche.

$\frac{4}{20}$ — — noire.

$\frac{3}{20}$ — — rouge.

$\frac{5}{20}$ — — verte.

La somme de ces probabilités, comme
dans l'exemple précédent, doit valoir
l'unité.

Prenons encore un troisième exemple. Quelles sont les probabilités de
jeter avec deux dés 7, 8, 9 ou 10 points?
7 points peuvent être amenés de six

manières différentes avec deux dés,
comme on peut le voir par le petit tableau que nous avons donné plus haut,
car on peut jeter 1 et 6, 2 et 5, 3 et 4, 4 et
3, 5 et 2, 6 et 1; de même 8 points peuvent être amenés de cinq manières, 9 de
quatre manières et 10 de trois manières
seulement. On aura donc pour les probabilités de ces sortes de chances , en
observant qu'il y a 36 jets également
possibles :

$$\frac{6}{36}$$ pour amener   7 points.

$$\frac{5}{36}$$ — — — 8 points.

$$\frac{4}{36}$$ — — — 9 points.

$$\frac{3}{36}$$ — — — 10 points.

$$\frac{48}{36}$$ pour les autres chances.

Le plus souvent on ne considère que
la probabilité *absolue* des événemens,
cependant on peut quelquefois désirer
de connaître une probabilité *relativement* à d'autres.

Ex. Quelles sont les probabilités relatives de prendre une figure ou un as
dans un jeu de 32 cartes ? Nous avons
vu que d'une part on a 12 chances
et de l'autre 4 : ainsi en considérant
comme nulles toutes les autres chances,
il ne faudrait avoir effectivement égard
qu'à 16 chances, l'une des probabilités
serait $\frac{12}{16}$ et l'autre $\frac{4}{16}$; la première
serait donc triple de la seconde.

Dans le second exemple qui précède,
les probabilités relatives d'amener une
boule blanche ou une noire, seraient

4

$\frac{8}{12}$ et $\frac{4}{12}$, en ne tenant point compte de la sortie des boules d'une autre couleur.

Dans le troisième exemple, la probabilité d'amener 7 points avec deux dés est double de celle d'amener 10 points. On a effectivement 6 chances favorables au premier événement et 3 chances seulement pour le second, sur 9 chances en tout, en omettant les autres chances qui ne font ni perdre ni gagner.

Quelquefois un événement dépend de plusieurs chances qui ne sont *pas également possibles*, il faut alors *déterminer les probabilités respectives de ces chances et la probabilité de l'événement attendu se composera de leur somme.*

Ex. Deux personnes jouent ensemble et l'une parie d'amener du premier coup avec deux dés 7, 8, 9 ou 10 points : d'après ce que nous avons vu précédemment, les probabilités respectives de ces événemens sont $\frac{6}{36}$, $\frac{5}{36}$, $\frac{4}{36}$ et $\frac{3}{36}$: la probabilité que la première personne gagnera sera donc $\frac{18}{36}$, la somme des probabilités précédentes, et la probabilité contraire sera aussi $\frac{18}{36}$.

La probabilité de prendre une figure ou un as dans un jeu de 32 cartes, vaudrait $\frac{12}{32}$ plus $\frac{4}{32}$ ou $\frac{16}{32}$; c'est-à-dire la somme des probabilités des deux espèces de chances qu'on réunit en sa faveur.

Nous conclurons de tout ce qui pré-

cède qu'il faut examiner dans chaque
question que l'on se propose, si l'événement attendu est *simple* ou *composé,*
et si les chances qui doivent l'amener
sont toutes également possibles ou si
elles ne le sont pas. Enfin, il faudra examiner si la probabilité doit être prise
d'une manière *absolue* ou *relative ,*
c'est-à-dire si les chances favorables doivent être comparées à toutes les chances ou à quelques-unes en particulier.

Questions.

N'a-t-on jamais à considérer que deux
espèces de chances ?

Donnez des exemples qui présentent
plusieurs espèces de chances ?

Peut-on estimer une probabilité ré-
lativement à d'autres?

Donnez des exemples des probabilités
relatives ?

Les chances d'un événement sont-
elles toujours également possibles?

Comment calcule-t-on la probabilité
d'un événement dont toutes les chances ne sont pas également possibles ?

Donnez des exemples du calcul de
la probabilité d'un événement dont
toutes les chances ne sont pas également possibles?

Que peut-on conclure de tout ce qui
précède ?

Vᵉ LEÇON:

Des épreuves répétées.

Nous nommerons *épreuves répétées*, celles qui se font successivement dans les mêmes circonstances ; comme seraient par exemple, les tirages de cartes prises dans un jeu et remises chaque fois ; ou les jets successifs d'un même dé.

La probabilité, quand il s'agit d'épreuves répétées, se calcule comme pour les événemens composés.

Exemple. L'on espère, avec un dé à

six faces, amener l'*as* trois fois de
suite; la probabilité mathématique sera
$\frac{1}{6} \times \frac{1}{6} \times \frac{1}{6}$ ou $\frac{1}{216}$: l'événement attendu dépend en effet de trois événe-
mens simples dont il faut multiplier
les probabilités entre elles. On espère
prendre dans un jeu de 32 cartes, soit
un roi, soit une dame trois fois de
suite, en ayant soin de remettre à chaque nouveau tirage, la carte que l'on a
prise; la probabilité sera $\frac{1}{4} \times \frac{1}{4} \times \frac{1}{4}$:
en observant que l'événement dépend
de trois événemens simples qui ont chacun pour probabilité $\frac{1}{4}$, puisqu'on a
pour soi 8 chances sur 32.

Quelle est la probabilité, dans deux
épreuves répétées au jeu de *pile ou
croix*, d'amener d'abord pile et puis

croix? La probabilité sera $\frac{1}{4}$, c'est-à-dire $\frac{1}{2} \times \frac{1}{2}$, le produit des probabilités des deux événemens simples. La probabilité aurait été $\frac{1}{2}$, si l'on avait posé la condition d'amener une fois pile et une fois croix, n'importe dans quel ordre; il peut en effet arriver quatre événemens composés qui ont chacun pour probabilité $\frac{1}{4}$; savoir : le jet de pile deux fois de suite; le jet de croix deux fois de suite; le jet de pile et croix, et enfin le jet de croix et pile. Or, on a pour soi les probabilités des deux derniers événemens, c'est-à-dire, $\frac{1}{4} + \frac{1}{4}$ ou bien $\frac{1}{2}$.

On remarquera qu'en général, dans la répétition de deux épreuves, il ne se présente que quatre événemens possi-

bles, quand chaque épreuve né peut
amener, comme dans l'exemple précédent, que deux événemens simples
différens que nous désignerons par les
lettres A et B. Ces événemens se pré-
senteront en effet dans l'ordre suivant :

AA, AB, BA, BB.

Si l'on faisait une troisième épreuve,
le nombre des événemens possibles se
trouverait doublé, et l'on en aurait huit ;
en effet, avec chacun des quatre événemens indiqués, pourrait se présenter
encore ou l'événement A, ou l'événement B, ce qui donnerait lieu aux
événemens composés qui suivent :

AAA, ABA, BAA, BBA . . . . . pour A
AAB, ABB, BAB, BBB . . . . . — B

Si l'on faisait une quatrième épreuve,
le nombre des événemens possibles se
trouverait doublé encore et l'on en
aurait seize; en effet, avec chacun des
huit événemens indiqués, pourrait se
présenter encore ou l'événement A, ou
l'événement B, ce qui donnerait lieu
aux événemens composés qui suivent :

$$\left.\begin{array}{l} \text{AAAA, ABAA, BAAA, BBAA} \\ \text{AABA, ABBA, BABA, BBBA} \end{array}\right\} \ldots \text{pour A}$$

$$\left.\begin{array}{l} \text{AAAB, ABAB, BAAB, BBAB} \\ \text{AABB, ABBB, BABB, BBBB} \end{array}\right\} \ldots \text{pour B}$$

En suivant les mêmes raisonnemens,
on trouverait qu'en faisant une cinquième épreuve, le nombre des événemens possibles se trouverait doublé
encore et ainsi de suite, de manière

qu'on pourrait former le petit tableau
suivant :

Nombre d'Épreuves.	Événemens Possibles.
1	2 . . 2
2	4 . . 2.2
3	8 . . 2.2.2
4	16 . . 2.2.2.2
5	32 . . 2.2.2.2.2
6	64 . . 2.2.2.2.2.2
7	128 . . 2.2.2.2.2.2.2
8	256 . . 2.2.2.2.2.2.2.2
9	512 . . 2.2 2.2.2.2.2.2.2
10	1024 . . 2.2.2.2.2.2.2.2.2.2

On voit que le nombre des événemens composés différens devient considérable, quand on a égard à l'ordre
dans lequel se présentent les événemens

simples, et qu'on le forme en multipliant successivement 2 par lui-même.

EXEMPLE. Supposons maintenant qu'on
veuille connaître la probabilité que,
dans une urne qui contient une boule
blanche et deux noires, on prendra
dans quatre tirages, les deux premières fois une boule blanche, et les deux
dernières fois, une boule noire. En
ayant la précaution de remettre chaque fois la boule tirée. En consultant
le tableau que nous avons formé plus
haut, on trouvera que sur seize événemens possibles, un seul est favorable à l'attente, savoir AABB. Nous
supposons que A désigne l'arrivée de
la boule blanche; et B, l'arrivée d'une
boule noire. Or, la probabilité de l'é-

vénement A est $\frac{1}{3}$, et celle de l'événement B est $\frac{2}{3}$; donc, la probabilité demandée sera

$$\frac{2}{3} \times \frac{2}{3} \times \frac{1}{3} \times \frac{1}{3} = \frac{4}{81} \cdot$$

La probabilité contraire serait $\frac{77}{81}$,
en observant que les deux probabilités
ajoutées ensemble doivent reproduire
l'unité.

En général, si dans des épreuves
répétées, on espère qu'un événement
A arrivera un certain nombre de fois,
et qu'un événement B arrivera aussi un
nombre de fois désigné, et si de plus
l'ordre de sortie est désigné ; la probabilité demandée sera un produit qui
renfermera la probabilité simple de

5

l'événement A autant de fois en facteur que cet événement doit arriver de
fois , et la probabilité de l'événement
B aussi autant de fois en facteur que
le second événement doit arriver de
fois.

Ex. Quelle est la probabilité de prendre dans un jeu de 32 cartes , deux fois
de suite une figure , puis trois fois de
suite un as ? La probabilité de prendre
une figure étant $\frac{3}{8}$, et celle de prendre
un as $\frac{1}{8}$, on aura pour la probabilité
demandée

$$\frac{3}{8} \cdot \frac{3}{8} \cdot \frac{1}{8} \cdot \frac{1}{8} \cdot \frac{1}{8} = \frac{9}{32768} \, .$$

Si l'on n'avait pas égard à l'ordre
dans lequel se présentent les événe-

mens simples, le nombre des événemens composés se trouverait considé-
rablement réduit dans les épreuves
répétées. Ainsi , pour une épreuve ,
on n'aurait que deux événemens possibles,

Dans deux épreuves répétées , l'événement A pourrait arriver deux fois de
suite, ou n'arriver qu'une fois , ou ne
point arriver du tout, comme il suit :

AA ,   AB ,   BB.

BA.

Dans trois épreuves répétées, l'événement A peut arriver 3 fois, 2 fois ,
1 fois ou pas une seule fois :

AAA ,   AAB ,   BBA ,   BBB.

ABA ,   BAB

BAA ,   ABB.

Dans quatre épreuves répétées , l'é-
vénement A peut arriver 4 fois, 3
fois, 2 fois, 1 fois ou pas une seule
fois :

AAAA, AAAB, AABB, BBBA, BBBB.

AABA, ABAB, BBAB.

ABAA, BAAB, BABB.

BAAA, ABBA, ABBB.

BBAA.

BABA.

On remarquera que nous n'avons
fait que donner une autre disposition
aux tableaux qui précédaient. L'analo-
gie nous conduit ici à former la table
suivante :

ÉPREUVES RÉPÉTÉES.	ÉVÉNEMENS.
1. . . . . . . 2 . . 1 + 1	
2. . . . . . . 3 . . 2 + 1	
3. . . . . . . 4 . . 3 + 1	
4. . . . . 5 . . 4 + 1	
5. . . . . . . 6 . . 5 + 1	
6. . . . . 7 . . 6 + 1	
7. . . . . . . 8 . . 7 + 1	
8. . . . . . . 9 . . 8 + 1	
9. . . . . . . 10 . . 9 + 1	
10. . . . . . . 11 . . 10 + 1	

Ainsi, quand on ne tient pas compte de l'ordre dans lequel se présentent les événemens simples, le nombre des événemens possibles est égal au nombre des épreuves répétées plus 1.

Ex. Si l'on demande la probabilité que, dans une urne qui contient une

5.

boule blanche et deux noires, on prendra dans quatre tirages, deux fois une boule blanche et deux fois une boule noire, sans préciser l'ordre de la sortie, et en ayant la précaution de remettre chaque fois la boule tirée, on verra, par le tableau de la page 52, que cet événement peut arriver de six manières, il faudra donc prendre 6 fois la probabilité qu'un de ces événemens aura lieu c'est-à-dire $6 \times \frac{4}{81}$ ou bien $\frac{24}{81}$; la probabilité contraire est $\frac{57}{81}$.

On peut réunir en sa faveur plusieurs probabilités différentes : comme si, dans l'exemple précédent, on espérait prendre dans quatre tirages, au moins deux fois une boule blanche, on aurait pour soi la probabilité que nous

avons calculée, plus les probabilités de
prendre quatre ou trois boules blanches.

Ces sortes de calculs deviennent ex-
cessivement simples par l'emploi de
l'algèbre. Il est un cas dans lequel le
calcul numérique se simplifie beaucoup ;
c'est quand on demande la probabilité
qu'un événement désigné arrivera au
moins une fois dans un nombre donné
d'épreuves répétées. Comme on aurait
seulement contre soi la probabilité que
l'événement attendu n'arriverait pas
du tout ; on calculerait cette probabilité et on la retrancherait de l'unité.

Ex. On demande la probabilité de
jeter l'*as* au moins une fois avec un dé
à six faces, et dans trois épreuves ré-

pétées : la probabilité de ne pas jeter l'*as* est $\frac{5}{6}$, et la probabilité de ne pas jeter l'*as* trois fois de suite, est $\frac{5}{6} \times \frac{5}{6} \times \frac{5}{6}$ ou bien $\frac{125}{216}$. Comme c'est la seule probabilité que l'on ait contre soi, en la retranchant de 1, on aura la probabilité de l'événement qu'on espère ; sa valeur sera $\frac{92}{216}$, c'est-à-dire un peu moindre qu'un demi.

Questions.

Que nommez-vous épreuves répétées?

Comment calcule-t-on la probabilité dans ce genre d'épreuves ?

Donnez des exemples du calcul de la probabilité mathématique dans les épreuves répétées ?

Combien y a-t-il d'événemens possibles dans la répétition de deux, de trois·
ou de quatre épreuves, quand on considère l'ordre de succession ?

Combien y a-t-il d'événemens possibles dans la répétition d'un nombre
quelconque d'épreuves, quand on considère l'ordre de succession ?

Eclaircissez ce qui précède par un
exemple ?

Combien y a-t-il d'événemens possibles dans la répétition de deux, trois
ou de quatre épreuves, quand on ne
considère pas l'ordre de succession?

Combien y a-t-il d'événemens possibles dans la répétition d'un nombre
quelconque d'épreuves, quand on ne
considère pas l'ordre de succession?

Éclaircissez ce qui précède par un exemple ?

Comment calcule-t-on la probabilité qu'un événement désigné arrivera au moins une fois dans un nombre donné d'épreuves.

VIᵉ LEÇON.

De quelques cas particuliers du calcul
de la probabilite mathématique.

En nous occupant des épreuves répétées , nous avons supposé que le nombre des chances demeurait le même à
chaque nouvelle épreuve ; mais cette
circonstance peut ne pas avoir lieu.

EXEMPLE. Quelle est la probabilité
que, dans deux épreuves, on prendra
une figure dans un jeu de 32 cartes, si
l'on ne remet pas la carte tirée la première fois ; on peut gagner de deux manières, soit en prenant une figure à la pre-

mière épreuve, soit en prenant une figure à la seconde épreuve. Or, la probabilité de prendre une figure au premier tira-
ge est $\frac{12}{32}$ ou $\frac{3}{8}$. Quant au second tirage, il
devient inutile, si l'on gagne au pre-
mier ; il n'est donc pas certain qu'on
doive le faire, et sa probabilité est
$\frac{5}{8}$, c'est-à-dire qu'elle est égale à la
probabilité qu'on ne réussira pas au
premier tirage. Mais si ce second tirage a lieu, il doit se faire sur 31 cartes dont 12 sont favorables à notre
attente ; la probabilité de prendre une
figure serait donc $\frac{12}{31}$, si l'on pouvait
regarder le tirage comme certain, et il
est $\frac{5}{8} \cdot \frac{12}{31}$, puisqu'il n'a que $\frac{5}{8}$ de
probabilité. On a, de cette maniè-
re, pour l'événement qu'on espère,

une probabilité égale à $\frac{3}{8} + \frac{5}{8} \cdot \frac{12}{31}$.

Une urne renferme deux boules blanches et deux boules noires, et deux joueurs A et B conviennent que celui des deux qui, les yeux bandés, tirera le premier une boule blanche, gagnera. Ils doivent tirer alternativement, et A doit commencer. On demande la probabilité que chacun a en sa faveur, en supposant qu'on ne remette pas les boules tirées? Au premier tirage, la probabilité de prendre une boule blanche est $\frac{2}{4}$ ou $\frac{1}{2}$. Le second tirage n'est pas certain, il a pour probabilité $\frac{1}{2}$, c'est-à-dire la probabilité que le joueur A prendra une boule noire la première fois : si le second tirage a lieu, comme il reste dans l'urne deux

6

boules blanches et une noire, la probabilité de la sortie d'une des premières
sera $\frac{2}{3}$; et dans le cas qui nous occupe,
elle sera $\frac{1}{2} \cdot \frac{2}{3}$ ou $\frac{1}{3}$, parce que le second tirage est douteux. La probabi-
lité de la sortie de la boule noire sera
$\frac{1}{2} \cdot \frac{1}{3}$ ou $\frac{1}{6}$; c'est aussi la probabilité
du troisième tirage. Mais comme, cette
troisième fois, l'urne ne contient que
des boules blanches, on a la certitude
d'en prendre une ; il faudra donc multiplier 1 par $\frac{1}{6}$ la probabilité de faire
le troisième tirage. Ainsi le joueur A
a pour lui la probabilité $\frac{1}{2} + \frac{1}{6}$, et
le second joueur a la probabilité $\frac{1}{3}$: ces
deux probabilités réunies valent 1,
comme on devait s'y attendre.

Voici un autre exemple qui pourrait offrir quelque difficulté. On place, devant une personne, deux urnes dont l'une contient 2 boules blanches et 5 noires, l'autre contient 3 boules blanches et une noire ; quelle est la probabilité de prendre une boule blanche dans l'une de ces urnes? La probabilité que la personne qui doit faire le tirage prendra une boule blanche dans la première urne, dépend de deux événemens, du choix de l'urne et du tirage. Or, la probabilité que la première urne sera choisie est $\frac{1}{2}$, et la probabilité qu'on y prendra une boule blanche est $\frac{2}{7}$; la probabilité de prendre une boule blanche dans la première urne sera donc $\frac{1}{2} \cdot \frac{2}{7}$ ou $\frac{1}{7}$. La probabilité de prendre une boule blanche dans la seconde urne sera de même $\frac{1}{2} \cdot \frac{3}{4}$ ou $\frac{3}{8}$. Ainsi la probabilité de prendre une boule blanche dans l'une ou l'autre des deux urnes, sera $\frac{1}{7} + \frac{3}{8}$.

Nous finirons par un exemple qui prouvera combien on doit être en garde dans le calcul des probabilités contre les premiers aperçus. On croit assez généralement qu'en prenant au hasard dans une urne renfermant un certain nombre de boules, il est indifférent de parier qu'on en tirera un nombre pair ou un nombre impair. Cependant en pariant pour le nombre impair, on a toujours une chance de plus en sa faveur que si l'on pariait pour le nombre pair; par exemple, si l'urne ne renfer-

mait qu'une boule, il n'y aurait qu'une
chance, et elle serait favorable à celui
qui aurait parié pour le nombre impair.
Si l'urne renfermait deux boules *a* et *b*,
on pourrait faire les trois tirages suivans :
$$a , b , ab ;$$
les deux premiers tirages sont impairs,
le troisième est pair. Si l'urne renfermait trois boules *a*, *b* et *c*, on pourrait faire les sept tirages :
$$a , b , c , abc , ab , ac , bc ;$$
les quatre premiers tirages sont impairs,
les trois derniers sont pairs. Si l'urne
renfermait quatre boules *a*, *b*, *c* et *d*,
on pourrait faire les quinze tirages :
$$a , b , c , d , abc , abd , acd , bcd ;$$
$$ab , ac , ad , bc , bd , cd , abcd.$$
Les huit premiers tirages sont impairs,
les sept autres sont pairs. En général

6.

les probabilités seraient les suivantes :

Nombre des boules.	PROBABILITÉ DE TIRER	
	Un nombre impair.	Pair.
1	1	0
2	$\dfrac{2}{3}$	$\dfrac{1}{3}$
3	$\dfrac{4}{7}$	$\dfrac{3}{7}$
4	$\dfrac{8}{15}$	$\dfrac{7}{15}$
5	$\dfrac{16}{31}$	$\dfrac{15}{31}$
6	$\dfrac{32}{63}$	$\dfrac{31}{63}$
7	$\dfrac{64}{127}$	$\dfrac{63}{127}$
8	$\dfrac{128}{255}$	$\dfrac{127}{255}$
9	$\dfrac{256}{511}$	$\dfrac{255}{511}$
10	$\dfrac{512}{1023}$	$\dfrac{511}{1023}$

On pourra conclure facilement par induction comment il faudrait continuer ce tableau ; car, dans la probabilité mathématique de tirer un nombre impair, le numérateur de chaque fraction est égal au double du numérateur de la fraction précédente ; le dénominateur vaut le double du numérateur diminué d'une unité.

Questions.

Comment faut-il calculer la probabilité dans des épreuves successives, quand on ne remet pas chaque fois au jeu les cartes que l'on avait tirées ?

Donnez des exemples du calcul de semblables probabilités ?

Comment calcule-t-on la probabilité

de tirer une boule blanche de deux urnes qui renferment des boules de différentes couleurs ?

Quand on prend au hasard dans une urne renfermant un certain nombre de boules, est-il plus probable qu'on en prendra un nombre impair qu'un nombre pair?

Quelles sont les probabilités pour les tirages pairs et pour les tirages impairs

VIIe LEÇON.

—

*Sur la manière dont il faut envisager
le calcul des probabilités.*

Quand on veut faire des applications
du calcul conjectural, il devient intéressant de rechercher comment les résultats du calcul s'accordent avec ceux
de l'expérience. Cette recherche a beaucoup occupé les géomètres, et particulièrement *J. Bernouilli.* Nous nous con-
tenterons de faire connaître ici les conclusions auxquelles ils ont été conduits.

Si l'on ne fait qu'une seule épreuve,

il ne saurait y avoir accord entre les
résultats du calcul et ceux de l'expérience. Le calcul en effet ne fournit aux
joueurs pour l'arrivée de l'événement
attendu, que deux probabilités, et
l'expérience fixe leur sort.

Exemple. En jetant un dé à six faces,
on espère amener l'*as*; on aura, par le
calcul, pour probabilité de cet événe-
ment $\frac{1}{6}$ et pour probabilité contraire $\frac{5}{6}$.
Cependant, quand l'expérience aura été
faite, l'état des joueurs ne sera pas conforme aux probabilités calculées, puis
que l'un aura gagné et que l'autre
aura perdu.

Il faut s'attendre, pour des cas par-
ticuliers, à trouver généralement le cal-
cul des probabilités en défaut ; mais à

l'on *fait un très-grand nombre d'épreu-*
ves, l'accord tend à s'établir de plus
en plus entre le calcul et l'expérience.

Si l'on pouvait faire un nombre infini
d'épreuves, les événemens seraient,
alors seulement, distribués comme le
calcul l'indique; dans tout autre circonstance, il y a seulement probabilité
que cet accord existera, et cette probabilité croît en même temps que le
nombre des épreuves augmente.

J. Bernouilli a trouvé qu'*en multi-*
pliant convenablement le nombre des
épreuves, on peut atteindre à une pro-
babilité aussi voisine de l'unité qu'on
voudra , que le rapport du nombre des
répétitions d'un événement , au nombre
des épreuves, sera renfermé dans les

*limites aussi voisines qu'on voudra de
sa probabilité mathématique.*

Il est donc peu prudent de s'exposer
aux chances d'un hasard qu'on ne peut
tenter un très-grand nombre de fois.

Ex. Les personnes qui jouent à la loterie sont dans le cas dont nous venons
de parler ; le gouvernement, au contraire, en laissant jouer un très-grand
nombre de fois, doit s'attendre à trouver que les résultats des épreuves s'accordent toujours bien avec ses calculs ; aussi, comme nous le verrons
plus loin, le bénéfice qu'il prélève
forme une valeur qui ne s'éloigne pas
de certaines limites.

On peut réduire ce qui précède aux
trois propositions suivantes :

Si la probabilité d'un événement sur-passe $\frac{1}{2}$, il y a lieu de croire que cet événement arrivera, plutôt que de croire qu'il n'arrivera pas.

Plus cette probabilité augmente, plus le motif de croire augmente.

Il croît proportionnellement à cette probabilité.

On trouve aussi que, dans un nombre quelconque d'épreuves, le plus probable des événemens composés est celui où chaque événement simple se trouve répété proportionnellement à sa probabilité.

Ex. En prenant, par des épreuves répétées, plusieurs cartes d'un jeu, la succession la plus probable des événemens est celle où les figures et les au-

7

tres cartes qui ne sont pas des figures
seront distribuées dans la proportion de
3 à 5, qui est le rapport des probabilités simples de chacun de ces événemens, savoir : $\frac{12}{32}$ et $\frac{20}{32}$.

Quand les diverses chances d'un jeu
sont rigoureusement d'une égale possi-
bilité, tant par la construction des in-
strumens aléatoires, que par la manière de s'en servir, les événemens
passés ne sauraient avoir aucune influence sur les événemens futurs.
C'est l'ignorance de ce principe qui
conduit tant de personnes à compro-
mettre leur fortune, en exposant aux
loteries.

Si, après des épreuves réitérées, on
aperçoit une fréquence marquée dans

l'apparition de certaines chances, il y
a lieu de penser que la constitution de
l'instrument, ou l'habitude de celui
qui l'emploie, déterminent cette fréquence.

Ex. Si, en jetant plusieurs fois un dé
à six faces, l'*as* se présente plus fréquemment qu'il ne devrait arriver
d'après la probabilité de sa sortie, on
pourra penser que le dé est pipé. Si au
jeu de *croix* et *pile*, *croix* arrive plus
souvent que *pile*, nous serons portés à
croire que dans la constitution de la
pièce, il existe une cause constante qui
favorise le retour de *croix*. Ainsi, comme l'observe M. de Laplace, dans la con-
duite de la vie, le bonheur constant est
une preuve d'habileté, qui doit faire

employer de préférence les personnes heureuses.

Nous avons ouï raconter que, pendant la première guerre d'Espagne, un corps d'armée français qui faisait le siége d'une ville, redoutait l'arrivée du vendredi comme celle d'un jour fatal, parce que l'ennemi tuait ou blessait alors généralement plus de monde que les autres jours de la semaine ; il s'était donc établi un fort préjugé contre le vendredi. Or, on apprit, après le siége, que les artilleurs qui étaient chargés de nourrir le feu changeaient chaque jour, et que ceux qui étaient de service le vendredi étaient beaucoup plus exercés que les autres. Les idées superstitieuses sont souvent bien moins fondées

encore ; dans l'impossibilité où nous
sommes de connaître la vraie cause
des événemens , nous l'attribuons à des
objets absolument étrangers, tant il
nous répugne de croire à des effets sans
cause !

Questions.

Peut-il y avoir concordance entre le
calcul et l'expérience quand on ne fait
qu'une épreuve?

La concordance a-t-elle lieu pour un
nombre infini d'épreuves?

Peut-on assigner le nombre d'épreuves convenable pour que les résultats
du calcul s'approchent autant qu'on
voudra des résultats de l'expérience?

Est-il prudent de s'exposer aux chan-

7.

ces d'un hasard qu'on ne peut tenter un très-grand nombre de fois?

Quels sont les trois principes auxquels il faut avoir égard dans l'emploi des probabilités?

Quel est le plus probable des événemens composés dans un nombre quelconque d'épreuves répétées?

Les événemens passés ont-ils quelqu'influence sur les événemens futurs?

Si, après des épreuves répétées, on aperçoit une fréquence marquée dans l'apparition de certaines chances, que faut-il en conclure?

Citez quelques exemples.

VIIIᵉ LEÇON.

—

De l'espérance mathématique.

Il convient que deux joueurs soient placés dans une position telle qu'aucun d'eux n'ait l'avantage sur l'autre ; ainsi, quand deux personnes font un pari ou jouent ensemble, et qu'elles ont chacune en leur faveur, une même probabilité de gagner, on conçoit que la justice exige qu'elles exposent des sommes égales.

Exemple. Au jeu de *pile* ou *croix*, les deux joueurs sont exactement dans la même position; il n'existe en effet que deux chances, et chacun en a une en sa faveur; puisqu'il n'existe pas de motif de préférence, ces joueurs doivent courir les mêmes risques et exposer la même somme. Si une urne contenait vingt boules blanches et vingt boules noires, et s'il s'agissait d'en extraire une boule d'une couleur désignée, la probabilité de gagner pour chacun des joueurs serait $\frac{1}{2}$; se trouvant ainsi dans la même position, ces joueurs devraient aussi courir les mêmes risques. Dans le jet d'un dé à six faces, six personnes pariant chacune pour l'arrivée d'une face différente, devront exposer des sommes égales, car elles se trouvent dans une position

également avantageuse et ont chacune
$\frac{1}{6}$ de probabilité de gagner.

*Si les probabilités de gagner ne sont
pas les mêmes, les joueurs doivent exposer des sommes proportionnelles à ces
probabilités.*

Ex. S'il s'agit de jeter l'*as* avec un dé
à six faces, le parieur doit exposer le
cinquième de ce qu'expose l'autre
joueur ; il n'a en effet qu'une seule
chance pour lui, tandis que l'autre en
a cinq. Pour mieux s'expliquer la chose,
on pourrait supposer, comme dans
l'exemple précédent, six joueurs qui exposent chacun la même somme en pariant pour une face différente ; il y aurait donc six sommes égales exposées ;
mais il devient indifférent au premier

joueur qu'une seule personne se substitue aux cinq autres, pourvu qu'elle
expose à elle seule autant qu'expose-
raient les cinq joueurs.

Ex. On prend dans un jeu ordinaire,
une carte· sans la retourner, et l'on
parie que cette carte est une figure;
une autre personne parie le contraire,
quelles sommes doit-on exposer pour
que le pari soit équitable? La probabi-
lité de prendre une figure est $\frac{12}{32}$ ou $\frac{3}{8}$
et celle de n'en pas prendre $\frac{5}{8}$; les
sommes exposées devront être dans le
rapport de 3 à 5 comme les probabilités. Supposons en effet huit chances
égales et huit joueurs, ayant chacun
pour eux l'une de ces chances, ou $\frac{1}{8}$ de
probabilité de gagner, ils devront ex-

poser chacun la même somme , 1 florin
par exemple ; mais une personne peut
se substituer à trois de ces joueurs en
payant leurs mises , et une seconde
personne peut se substituer aux cinq
autres joueurs, en payant également
leurs mises ; la première devrait donc
donner trois florins et la seconde cinq
florins. Ces sommes sont justement dans
le rapport des chances et des probabilités que les deux joueurs ont de gagner.

*On nomme espérance mathématique
le produit d'une somme qu'on espère
par la probabilité qu'on a de l'obtenir.*

Ex. On parie de prendre du premier
coup une figure dans un jeu de trente-
deux cartes, et l'on expose trois florins, celui qui parierait le contraire

devrait exposer cinq florins d'après ce
qui a été dit précédemment, puisque les
probabilités de gagner sont $\frac{3}{8}$ et $\frac{5}{8}$. Or,
l'espérance mathématique du premier
joueur serait le produit de cinq florins
qu'il espère par la probabilité $\frac{3}{8}$ qu'il a
de l'obtenir, ou 1,87 florins. L'espé-
rance mathématique du second joueur
serait trois florins multipliés par $\frac{5}{8}$ ou
1,87 florins également.

*Il faut, dans tout pari équitable, que
les espérances mathématiques des deux
joueurs soient égales*, comme dans
l'exemple qui précède.

Quand les espérances mathématiques
ne sont pas égales, mais ne diffèrent
cependant que très-peu, cette différence devient très-sensible après un

grand nombre d'épreuves, car le joueur
favorisé sera toujours en gain et l'autre
toujours en perte. Ainsi, comme nous
le verrons bientôt, l'espérance mathématique aux loteries est plus forte pour
le gouvernement que celle des joueurs;
aussi le gouvernement retire un bénéfice assuré sur le grand nombre de tirages qui se font.

Questions.

Quand les probabilités de gagner
sont les mêmes, comment convient-il
de parier?

Quand les probabilités de gagner ne
sont pas les mêmes, comment doivent
se comporter les joueurs?

Qu'est-ce que l'espérance mathématique?

Comment doivent être réglées les espérances mathématiques, dans un pari équitable?

Quand les espérances mathématiques ne sont pas égales, quelle est la position des joueurs?

———

IXᵉ LEÇON.

De l'espérance morale.

Eɴ évaluant les *espérances mathématiques* des joueurs, nous avons dit ce
qu'il convenait de faire en toute justice, sans avoir égard à la position relative des joueurs. Nous avons réglé
les mises comme le ferait un tribunal;
mais comme conseillers, comme amis,
nous devrions considérer sous un autre
point de vue, le jeu même réglé d'après
les plus strictes lois de l'équité.

Il importe de considérer qu'une
même somme acquiert plus d'impor-

tance quand on la perd que lorsqu'on
la gagne. Supposons qu'un ami expose
mille florins contre mille florins, dans
un jéu où les chances sont égales des
deux côtés. Ce parti sera très-équita-
ble, d'après ce que nous avons dit précédemment; mais si cet ami expose
de cette manière la moitié de ce qu'il
gagne annuellement et de ce qui lui est
nécessaire pour son entretien, nous
serons en droit de lui demander si les
privations qu'il devra s'imposer en cas
de perte, peuvent être mises en balance
avec les avantages qu'il retirerait en cas
de gain; nous lui représenterons que ce
qu'il expose doit lui être bien plus pré-
cieux dans sa position que ce qu'il gagne-
rait. Cette même somme de mille florins

est peut-être beaucoup moins importante pour l'autre joueur qui possède des
biens considérables et qui sera peu dé-
rangé en cas de perte. Ainsi nous sen-
tons que, quoique les conditions soient
équitables , les positions des joueurs
sont cependant ici bien différentes.

L'importance d'une somme doit dépendre du bien que nous possédons.
En effet, 1 florin a une importance
bien plus considérable pour une personne qui ne possède que 100 florins
que pour une autre qui en possède
100,000.

*On estime l'importance d'une somme
en divisant cette somme par le bien que
possède la personne qui l'expose.* La
fraction obtenue de cette manière se

8.

nomme la *valeur morale* de la somme ;
un ami qui n'aurait que 2000 florins et
qui en exposerait 1000 ; exposerait $\frac{1}{2}$
de son avoir ; c'est-à-dire une somme
aussi importante pour lui que le seraient
5o,ooo florius pour une personne qui
en possède 100,000.

D'après cette manière de calculer
l'importance d'une somme , on pourra
se faire une idée plus juste de la position d'un joueur, en supposant toujours
qu'on observe les principes d'égalité
dans les espérances mathématiques.
Concevons un joueur qui, possèdant
2000 florins, en expose 1000 contre
1000 autres , les chances étant égales
des deux côtés : ce qu'il expose doit
avoir à ses yeux une importance repré-

sentée par $\frac{1}{2}$, d'après ce qui précède ;
mais s'il gagne, il aura 3ooo florins et
conséquemment son gain n'aura qu'une
importance représentée par $\frac{1}{3}$. Ce qu'il
expose et ce qu'il espère se trouvent
ainsi représentés par les fractions $\frac{1}{2}$ et
$\frac{1}{3}$: la différence des ces fractions, ou
$\frac{1}{6}$, est la diminution de la *valeur morale*
que ce jeu fait éprouver à sa fortune.
En faisant le calcul, on trouve :

$\frac{1}{2}$ de 2000 fl. $=$ 1000 fl. somme exposée.

$\frac{1}{3}$ — — fl. $=$ 666,66 — espérée.

$\frac{1}{6}$ — — fl. $=$ 333,33 diminution.

Supposons encore que, dans l'exem-

ple précédent, le second joueur possède
100,000 florins; l'importance de la perte
et du gain sera représentée pour ce
joueur par les fractions :

$$\frac{1000}{100000} \text{ et } \frac{1000}{101000}, \text{ ou } \frac{1}{100} \text{ et } \frac{1}{101},$$

et la diminution de la valeur morale de
sa fortune sera la différence de ces
deux dernières fractions, ou bien $\frac{1}{10100}$
de 100,000 $= 9,9$, florins. Les positions des deux joueurs que nous considérons, sont donc bien différentes.

Il est facile de voir par les calculs
précédens que tout jeu quel qu'il soit,
lorsqu'on joue de la manière même la
plus équitable , doit produire une diminution dans la valeur morale de la

fortune. Cette diminution peut devenir
à la vérité presque insensible quand on
n'expose que de très-petites sommes,
relativement à ce que l'on possède. La
prudence doit donc nous mettre en
garde contre les jeux qui se présentent
même sous les formes les plus équitables; cette règle que nous indique le bon
sens se trouve ici justifiée par le calcul.

Il peut se présenter une difficulté dans
la manière d'apprécier l'importance
d'une somme pour un individu qui actuellement ne possède rien. Mais comme
on l'a remarqué, le bien possédé par
un individu est au moins représenté
par la substance qu'il tire de l'emploi
de sa force et de son industrie, et ne
s'anéantit qu'avec sa vie. Il n'y a que

l'individu mourant de faim qui ne possède absolument rien. «Celui qui se pro-
cure en mendiant une somme annuelle
de 10 pièces d'or, dit *Bernouilli*, n'en
accepterait pas 5o sous la condition de
renoncer à ce moyen de gagner sa vie,
aussi bien qu'à tout autre. Il en est
ainsi de ceux qui ne vivent qu'en em-
pruntant. Pourraient-ils s'interdire à
jamais cette ressource, moyennant une
somme plus considérable même que
celle qui les libérerait de leurs dettes ?
si donc le mendiant et l'emprunteur ne
veulent pas renoncer à cette sorte de
profession, le premier, à moins d'un
capital de 100 pièces d'or, et le second,
à moins d'un capital de 1000, nous
regarderons l'un comme riche de 100

pièces, et l'autre de 1000, quoique dans le langage ordinaire on dise que l'un n'a rien et l'autre moins que rien ».

On nomme espérance morale le produit de la valeur morale d'une somme par la probabilité qu'on a de l'obtenir. Ainsi dans l'exemple des deux joueurs que nous avons cité plus haut, les probabilités de gagner étaient toutes deux égales à $\frac{1}{2}$; et les valeurs morales des sommes espérées étaient $\frac{1000}{3000}$ pour le premier joueur et $\frac{1000}{101000}$ pour le second joueur ; ce qui donnait, pour les espérances morales :

$$\frac{1000}{6000}$$ de sa fortune, au 1er joueur.

$$\frac{1000}{202000} \quad - \quad - \quad - \quad 2^e \text{ joueur.}$$

ou bien

$$\frac{1}{6} \quad \text{de} \quad 2000 \text{ fl.} = 333,33 \text{ au 1}^{er}\text{ joueur.}$$

$$\frac{1}{202} \quad \text{de } 100,000 \text{ fl.} = 495,05 \text{ au 2}^{e}\text{ joueur.}$$

En calculant les espérances mathématiques au lieu des espérances morales, on aurait obtenu 5oo florins pour chacun des joueurs. On voit par les résultats précédens, que les deux joueurs ont du désavantage à exposer leur argent, mais le désavantage est beaucoup plus considérable pour le premier que pour le second, qui possède une fortune plus grande.

Questions.

Suffira-t-il , en jouant, d'avoir égard aux espérances mathématiques ?

Une somme a-t-elle la même importance soit qu'on la gagne soit qu'on la
perde ?

De quoi dépend l'importance d'une
somme ?

Comment estimez-vous l'importance
d'une somme ?

Qu'est-ce que la *valeur morale* d'une
somme ?

Comment calcule-t-on la diminution
de la valeur morale, que le jeu, même
le plus équitable, fait subir à une fortune ?

Un jeu équitable quel qu'il soit, peut-
il produire de l'avantage aux joueurs ?

Que nous ordonne la prudence à
l'égard des jeux de hasard ?

Ne peut-on pas éprouver de difficulté

9

dans l'appréciation de l'importance
d'une somme?

Qu'est-ce que l'*espérance morale*?

Donnez un exemple du calcul de
l'espérance morale ?

Xᵉ LEÇON.

—

Des loteries.

L'ᴀᴠᴀɴᴛᴀɢᴇ du banquier au jeu des
loteries, consiste en ce que son espérance mathématique est généralement
beaucoup plus forte que celle des
joueurs ; et en ce qu'il s'assure la jouis-
sance de cet avantage par le grand
nombre de tirages qui ont lieu. Nous
tâcherons de faire comprendre ceci,
par l'examen de la loterie gênoise et de
la loterie qui vient d'être établie dans
ce royaume (*).

(*) L'usage des loteries modernes nous vient
d'Italie ; Gênes en fut le berceau, et cette répu-

La loterie gênoise se compose de 90 numéros, dont il sort 5 à chaque tirage ; voici les mises qui peuvent avoir lieu.

L'extrait simple. On expose une somme quelconque sur un numéro désigné, et si ce numéro est un de ceux qu'amène le tirage, on reçoit 15 fois la valeur de la mise. Or, examinons si

blique dut cette invention à la forme de son gouvernement : voici quelle en fut l'origine.

On faisait à Gênes, tous les six mois, l'élection de cinq sénateurs pour remplir les premières charges des magistratures : on procédait à cette élection en mettant dans une urne les noms de tous ceux qui aspiraient à ces charges ; et parce que les concurrens étaient au nombre de 90, de là l'origine des 90 numéros ; et comme les charges étaient conférées aux premiers noms qu'on

l'espérance mathématique du joueur vaut la somme qu'il expose. La loterie se composant de 90 numéros, il y a 90 chances en tout, sur lesquelles 5 sont favorables au joueur. La probabilité que le numéro du joueur sera l'un des cinq qu'amène le tirage, est donc représentée par la fraction $\frac{5}{90}$ ou $\frac{1}{18}$. Si la mise est 100 francs ; pour que le jeu soit équitable, on doit en cas de gain,

tirait de l'urne, le même esprit d'imitation fit qu'on limita chaque tirage à 5 numéros heureux.

L'inventeur de ce système de loterie est *Benedetto Gentile*, citoyen Gênois. C'est d'après cette forme que fut établie en France, en 1758, la loterie de l'école royale militaire ; elle fut supprimée en 1776 et recréée la même année sous le titre de loterie royale de France (*Parisot*, *Traité du calcul conjectural*).

9.

rembourser 18 fois cette mise et non
pas 15 fois, on doit rembourser 1800
francs et non 1500 francs. Quelle est
donc la position du joueur? la même
que celle d'une personne qui, jouant
avec une autre d'une manière équitable,
se verrait enlever par elle, chaque fois
qu'il y a gain, une certaine portion de
de ce gain, sans pouvoir prétendre de
son côté à un semblable partage. On
conçoit combien la position du joueur
est désavantageuse.

Supposons maintenant qu'effrayé des
conséquences auxquelles le tirage l'expose, un artisan qui aurait pris impru-
demment un billet de 100 fr. voulût le
céder à des conditions équitables;
quelle est la valeur qu'il est en droit

d'en espérer? nous venons de voir que
pour 18 francs, il ne doit plus en prétendre que 15, ainsi au lieu de 100
francs, il ne doit espérer que $\frac{15}{18}$ de 100
ou 83^{fr}., 33, qui est son espérance mathématique ; il aurait donc éprouvé
une perte de plus de 16 francs ; c'est
une espèce d'impôt qu'il paie pour avoir
le plaisir de jouer. Nous ajouterons à
ces considérations que nous n'avons
pas fait entrer en ligne de compte la
diminution de la valeur morale que la
fortune du joueur éprouve par le jeu,
pour donner un exemple du calcul qu'il
faudrait faire dans l'hypothèse précédente : supposons que ce même artisan
qui expose 100 francs, ne possède en
tout que 1000 francs; nous aurons, pour

la valeur morale de la somme exposée,

$$\frac{100}{1000} = \frac{1}{10},$$

et pour celle de la somme espérée

$$\frac{83,33}{1083,33} = \frac{1}{13};$$

la diminution de la valeur morale de la fortune de l'artisan serait donc $\frac{1}{10} - \frac{1}{13}$ ou bien $\frac{3}{130}$; c'est-à-dire d'environ 23^{fr}., 26. Ainsi cet artisan qui paie 100 francs pour un billet qui n'en vaut que 83 , 33 , éprouve encore dans la valeur morale de sa fortune, une diminution de 23^{fr}., 26.

On demandera sans doute s'il n'existe pas d'autres manières de jouer à la loterie. Il en existe, mais elles sont beaucoup plus désavantageuses encore : nous allons les faire connaître.

Extrait déterminé. On met une somme quelconque sur un numéro et l'on désigne de plus l'ordre de la sortie. L'on n'a ici qu'une seule chance sur 90; on devrait donc, en stricte justice, recevoir 90 fois sa mise ; on ne la reçoit que 70 fois. En exposant 10 francs, il faudrait en cas de gain, recevoir 900 fr., on n'en reçoit que 700 : les autres 200 francs deviennent la part du banquier.

Ambe. On expose une somme sur deux numéros désignés , et dans le cas de gain on reçoit 270 fois sa mise. Or, le calcul montre qu'on peut disposer 90 numéros, deux à deux, de 8010 maniè- re différentes ; il y a donc 8010 chan- ces et l'on n'en a que 20 en sa faveur , parce qu'avec les 5 numéros qui sortent on ne peut faire que 20 arrangemens différens de 2 numéros ; la probabilité de gagner est donc $\dfrac{20}{8010} = \dfrac{1}{400,5}$. Il faudrait recevoir pour 1 franc qu'on expose 400 fr. 50 c.; on n'en reçoit que 270.

Ambe déterminée. On met sur deux numéros et l'on indique l'ordre de leur sortie. On n'a qu'une seule chance en sa faveur sur 8010, il faudrait donc recevoir, en cas de gain, 8010 fois sa mise ; on ne la reçoit que 5100. Le trésor retient donc à peu près les $\dfrac{3}{8}$ de ce qui revient au joueur.

Terne. Le terne est formé par la sortie de trois numéros désignés. Le calcul montre qu'avec 90 numéros on peut aire 704880 arrangemens de trois numéros ; et avec les 5 numéros sortans on peut en faire 60 ; le joueur a donc 60 chances sur 704880 : sa probabilité de gagner étant $\frac{1}{11748}$, il devrait recevoir 11748 fois sa mise s'il gagnait; il ne la reçoit que 5500 fois. Ainsi, en cas de gain, il partage son bénéfice avec le trésor qui en prend plus de la moitié.

Quaterne. Le quaterne est formé par la sortie de quatre numéros désignés. Le calcul montre qu'avec 90 numéros, on peut faire 61,324,560 arrangemens différens de quatre numéros, et avec les 5 numéros que fournit le tirage on n'en peut former que 120. On a donc 120 chances sur 61,324,560, et la probabilité de gagner est $\frac{1}{511038}$. En gagnant, on devrait donc recevoir 511,038

fois sa mise ; or , on ne la reçoit que
75,000 fois. On conçoit combien la position du joueur est-défavorable. Laissant de côté la considération du détri-
ment que produit toujours le jeu, on
se trouve dans la même position que si
l'on jouait avec une personne qui ne
vous donnerait aucun dédommagement
en cas de perte ; et qui, en cas de gain,
prélèverait toujours environ les $\frac{6}{7}$ du
bénéfice. On ne manquerait pas de se
récrier contre une pareille iniquité ;
telle est cependant la position du joueur
qui met sur un quaterne ; son ignorance
seule peut l'excuser.

On ne joue point le *terne déterminé*
ni le *quaterne déterminé*. On pouvait
mettre autrefois sur le *quine* ou sur la

sortie de 5 numéros désignés. Le trésor,
en cas de gain, prélevait alors plus des
$\frac{42}{43}$ du bénéfice du joueur.

Quoique la loterie génoise soit dé-
fendue dans ce royaume, on sera peut-
être charmé de connaître quelle est la
véritable valeur d'un billet de 100 francs
pris à la loterie. Voici un tableau de
ces valeurs, abstraction faite de la diminution de la valeur morale qu'é-
prouve la fortune du joueur :

	SOMME EXPOSÉE.	VALEUR de la SOMME EXPOSÉE.
Extrait	100	83,33
Extrait déterminé .	100	77,77
Ambe	100	67,50
Ambe déterminé .	100	63,67
Terne	100	46,82
Quaterne	100	14,68

La dernière colonne indique l'espérance mathématique du joueur, c'est-à-
dire ce que vaut réellement un billet de
100 francs pris à la loterie.

Plus il y a de chances, les autres circonstances étant d'ailleurs les mêmes,
et plus la concordance entre les résultats du calcul et de l'expérience devient
difficile, comme nous l'avons vu ; on ex-
pliquera donc facilement pourquoi le
trésor , qui cherche à assurer ses avantages , prélève des bénéfices plus considérables pour les événemens qui dépen-
dent d'un plus grand nombre de chances.

Les bénéfices que retire un gouvernement de l'institution des loteries , est
une espèce d'impôt sur lequel il compte
avec autant d'assurance que sur les im-

pôts d'une autre espèce : pour s'en con-
vaincre, on pourra jeter les yeux sur le
tableau suivant, qui indique les sommes
que la loterie de Paris a mises en circu-
lation pendant 7 années (*).

SOMMES

ANNÉES.	VERSÉES dans LES BUREAUX.	REÇUES par LES GAGNANS.	ENTRÉES au TRÉSOR.
1816 . .	19,552,000	13,383,000	6,169,000
1817 . .	21,461,000	16,513,000	4,948,000
1818 . .	29,371,000	22,765,000	6,606,000
1819 . .	27,524,000	22,306,000	5,218,000
1820 . .	29,036,000	19,783,000	9,253,000
Totaux. .	126,944,000	94,750,000	32,194,000
Moyenne.	25,388,000	19,950,000	6,438,800

(*) Recherches statistiques sur Paris.

Le trésor perçoit donc un peu plus que le quart des sommes versées dans les bureaux.

La nouvelle loterie qui vient d'être établie dans les Pays-Bas, est organisée de manière à présenter au trésor un bénéfice certain. Cette loterie comprend 50,000 billets de la valeur de 46 florins chacun ; la somme des mises s'élève donc à 2,300,000 florins. Or, cette somme se réduit à 2,000,000 , si l'on observe que les collecteurs prélèvent 6 florins par billet. On dispose alors des 2,000,000 florins restans de la manière suivante : on fait une remise de 35 florins à chacun de 5000 numéros que produit le premier tirage, et une remise de 20 florins à chacun des 5000

numéros que produit le second tirage ;
le reste de la somme est partagé en primes et en prix sur lesquels le trésor
prélève un tantième. Ainsi, l'on a

5000 fois 35 florins	175,000
— — 20 florins	100,000
Prix et primes.	1,725,000
En tout	2,000,000

La somme de 1,725,000 florins sert à
former 1000 prix qui valent ensemble
669,000 florins ; 49,000 primes qui valent 1,033,900 fl., de sorte que chaque
joueur ait un prix ou une prime; de
plus six primes extraordinaires s'élevant
à 22,100 florins. Or, le bénéfice du
trésor consiste dans les 15 pour cent
qu'il prélève sur les prix et les primes

extraordinaires, et dans les 10 pour
cent qu'il prélève sur les primes : de
sorte que , pour les joueurs, les valeurs
des prix et des primes sont effectivement

	VALEUR RÉELLE.	PART DU TRÉSOR.
1000 prix (*) . .	fl. 568,650	100,350
49000 primes . .	930,510	103,390
6 primes extra.	18,785	3,315
	1,517,945	207,055

Si nous récapitulons ce qui précède,
en ayant égard à ce qu'on rembourse
aux 1000 numéros qui sortent les premiers, la valeur de toutes les mises se

(*) Voyez dans les notes le calcul de l'espérance
mathématique d'avoir un prix ou une prime.

trouve répartie de la manière suivante :

Pour les joueurs . . .	fl.	1,792,945
Pour le trésor	—	207,055
Pour les collecteurs. . .	—	300,000
		2,300,000

Cherchons maintenant quelle est la véritable valeur du billet que l'on paie 46 florins. Puisque chaque porteur d'un billet a le même droit sur la somme de 1,792,945 florins, il lui en reviendrait la 50,000^{ième} partie, si l'on convenait de partager avec équité au lieu de faire le tirage : or, sa part ou son espérance mathématique ne serait alors que de 35,86 florins. Le joueur paie donc 46 florins ce qui dans le fait ne vaut pas 35,86 florins. La perte que le joueur fait sur son billet se partage entre le trésor et les collecteurs ainsi qu'il suit :

fl.	35,86	part qui revient au joueur.		
—	4,14	—	—	au trésor.
—	6	—	—	aux collecteurs.
	46	prix d'un billet de loterie.		

La perte de chaque joueur individuellement s'élève à plus de 22 pour cent. Nous n'avons pas pris en considération que l'on paie encore extraordinairement 2 florins pour chacun des 25,000 billets *classicaux* qu'on achète par parties ; ce qui ajoute 50,000 florins au bénéfice du trésor et des collecteurs.

Nous devons nous borner ici à considérer la partie purement mathématique des loteries ; et, dans ce sens, on peut assimiler le billet de la loterie à une marchandise qui aurait une valeur intrinsèque de 35,86 florins, et que l'on vendrait 46 florins, et 48 en détail.

Questions.

Quel est l'avantage du banquier au jeu des loteries ?

Qu'est-ce que la loterie génoise ?

Qu'est-ce que l'extrait simple ?

Combien perd-on par cent en jouant l'extrait simple ?

Donnez un exemple des pertes qu'éprouve un individu peu fortuné, qui joue sur l'extrait simple ?

Qu'est-ce que l'extrait déterminé ?

Qu'est-ce que l'ambe ?

Qu'est-ce que l'ambe déterminé ?

Quelle est l'espérance du joueur qui expose une somme sur un terne ?

Faites sentir le désavantage considérable du joueur qui met sur un quaterne ?

Quelle est la perte sur 100 que fait le joueur en mettant sur un extrait, un ambe, un terne, etc.

Pourquoi le bénéfice du trésor est-il plus considérable sur les quaternes que sur les extraits ou les ambes?

Le gouvernement peut-il compter sur le bénéfice des loteries ?

Quel est le bénéfice moyen de la loterie de Paris ?

Comment la loterie des Pays-Bas est-elle organisée ?

Quel est le bénéfice des collecteurs ?

Quel est le bénéfice du trésor?

Quelle est la part qui revient aux joueurs et comment se trouve-t-elle divisée?

Quelle est la véritable valeur du billet que l'on paie 46 florins ?

Comment faut-il concevoir que les 46 florins, valeur du billet, se trouvent partagés entre le joueur, le trésor et les collecteurs?

Combien le joueur perd-il sur 100 ?

Comment faut-il envisager la position du joueur ?

XIᵉ LEÇON.

—

Du calcul de la probabilité, quand on ne connaît pas le nombre des chances favorables.

Nous avons toujours supposé, dans ce qui précède, qu'on pouvait estimer toutes les chances favorables aux événemens dont nous cherchions les probabilités ainsi que les chances défavorables. Nous allons nous occuper du cas où ces circonstances n'ont pas lieu. Nous supposerons seulement que l'on connaisse le nombre total des chances.

Supposons qu'une urne renferme deux boules, et qu'on ignore leur couleur. On extrait une de ces boules qu'on remet ensuite pour procéder à un second tirage ; mais on amène une seconde fois une boule blanche et l'on demande quelle est la couleur des boules renfermées dans l'urne. On ne peut faire ici que deux *hypothèses :* ou les deux boules sont blanches ou l'une seulement est blanche, l'autre étant d'une couleur quelconque, rouge par exemple. On sent que ces deux hypothèses ne sont que probables, et l'on demande de déterminer leurs probabilités relatives. La théorie indique qu'il faut opérer de la manière suivante. On calcule la probabilité de l'événement

arrivé, dans les différentes hypothèses
que l'on peut faire, et les nombres
que l'on obtient sont proportionnels aux
probabilités de ces hypothèses. Ainsi,
dans notre première hypothèse, les
deux boules étant blanches, il y a certitude qu'on prendra à chaque tirage
une boule blanche, le nombre cherché
est donc 1. Dans la seconde hypothèse, l'une des deux boules étant
blanche, l'on a pour probabilité de sa
sortie $\frac{1}{2}$ et pour probabilité de deux
sorties successives $\frac{1}{2} \times \frac{1}{2}$ ou $\frac{1}{4}$. On
obtient donc les nombres 1 et $\frac{1}{4}$ en
calculant la probabilité de l'événement
arrivé dans les deux seules hypothèses
que l'on peut faire ; or, on regarde ces
nombres comme proportionnels aux

probabilités de ces deux hypothèses;
conséquemment la probabilité de l'hypothèse de deux boules blanches est à
la probabilité de l'hypothèse d'une
seule boule blanche, comme 1 est à $\frac{1}{4}$
ou comme 4 est à 1.

On énonce le principe précédent en
disant que *les probabilités des hypothèses (ou des causes des événemens) sont
proportionnelles aux probabilités que
donnent ces hypothèses pour les événemens observés.*

En soutenant dans un pari la première hypothèse, on doit se considérer
comme ayant pour soi 4 chances sur 5;
en d'autres termes, les probabilités des
deux hypothèses sont $\frac{4}{5}$ et $\frac{1}{5}$.

Supposons maintenant que l'on de-

mande en conservant l'exemple précédent, quelle est la probabilité de
prendre encore une boule blanche à
un troisième tirage. Il faudra considérer les deux hypothèses faites précédemment comme deux urnes de l'une
desquelles on doit extraire une boule
blanche ; le problème se ramène alors
aux brobabilités composées. On calcu-
lera ainsi qu'il suit. La probabilité de la
première hypothèse est $\frac{4}{5}$ que l'on doit
multiplier par la probabilité de l'événement dans cette hypothèse ; or nous
avons ici la certitude de tirer une boule
blanche, ainsi il faudra prendre $\frac{4}{5} \times 1$
ou $\frac{4}{5}$. La probabilité de la seconde hypothèse est $\frac{1}{5}$; et la probabilité de prendre une boule blanche est $\frac{1}{2}$ dans cette

hypothèse ; le produit de ces nombres est $\frac{1}{10}$. La probabilité de prendre une troisième fois une boule blanche sera donc $\frac{4}{5}$ plus $\frac{1}{10}$ ou $\frac{9}{10}$.

On réduit ce qui précède au principe suivant : *la probabilité d'un nouvel événement simple s'obtient en calculant, d'après les événemens passés, les probabilités des diverses hypothèses possibles et faisant la somme des produits de ces probabilités par celles de l'événement, prises dans chaque hypothèse.*

Questions.

Quel est l'objet de cette leçon ?

Comment calcule-t-on les probabilités des causes des événemens ?

Quelle est la règle générale à cet égard ?

Appliquez cet règle à un exemple ?

Comment calcule-t-on la probabilité d'un nouvel événement d'après les événemens passés ?

Quelle est la règle générale ?

XIIᵉ LEÇON.

—

Du calcul de la probabilité, quand le
nombre des chances est inconnu.

Nous supposons dans ce qui va suivre
que l'on ne connaît ni le nombre des
chances favorables à un événement, ni
le nombre total des chances; on connaît seulement les résultats de plusieurs
expériences, et l'on veut calculer par
leur moyen la probabilité de l'événement. La solution de cette question
si intéressante pour toutes les sciences
d'observation, se rattache à des calculs

d'un ordre supérieur. Heureusement
les résultats de ces calculs sont faciles à
comprendre.

Commençons par examiner le cas où
un événement est arrivé de suite, un
nombre quelconque de fois ; la théorie
indique que *la probabilité que cet évé-
ment se reproduira encore la fois suivante, est égale au nombre augmenté
de l'unité, divisé par le même nombre
augmenté de deux unités.*

EXEMPLES. On a découvert jusqu'à
présent 11 planètes qui toutes marchent
dans le même sens autour du soleil ;
on demande quelle est la probabilité
que si l'on découvrait une nouvelle
planète, elle marcherait dans le même
sens que les autres. Il faudra, confor-

mément au principe énoncé précédemment, diviser 11 plus 1, par 11 plus
2, et l'on aura pour la probabilité demandée $\frac{12}{13}$.

On demande quelle est la probabilité
que le soleil reparaîtra demain sur l'horizon ? Si nous ne tenons compte que du
nombre de fois que nous avons vu le
phénomène se réproduire successivement, en faisant abstraction des autres
motifs que nous avons de croire à son
retour, nous calculerons de la manière
suivante : Au 1er janvier 1827, on avait
compté 5831 ans, ou 2,128,315 retours
successifs du soleil depuis la création,
que nous ferons remonter à 4004 ans
avant l'ère chrétienne; la probabilité
d'un nouveau retour du soleil sur l'ho-

rizon , à cette époque , était donc
$\frac{2,128,316}{2,128,317}$, et il y avait 2,128,316 à parier
contre 1 que le phénomène aurait eu ef-
fectivement lieu.

On a été dans le cas de vérifier 20
assertions d'une même personne, et l'on
en a successivement reconnu la jus-
tesse ; on demande quelle est la probabilité qu'une 21ième assertion sera également vraie? Il faudra diviser 21 par
22 et la probabilité demandée sera
$\frac{21}{22}$. Ainsi il y a 21 à parier contre 1
qu'une nouvelle assertion émise par
cette même personne sera vraie comme
les assertions précédentes.

Nous venons de voir qu'après avoir
observé plusieurs fois de suite un même
événement, on a des probabilités plus ou

moins fortes, de croire au retour de
cet événement. On sent qu'il existe une
cause qui facilite sa reproduction; or, la
théorie offre un moyen très-simple de
calculer la probabilité que cette cause
existe effectivement. *La probabilité est
une fraction qui a pour dénominateur
le nombre 2 multiplié autant de fois par
lui-même que l'événement a été observé
de fois consécutives ; et, pour numérateur, ce même produit moins* 1.

Ex. Quelle est la probabilité qu'il
existe pour les planètes, une plus
grande facilité de se mouvoir autour
du soleil dans une direction plutôt que
dans une autre opposée? On a observé
11 planètes qui se meuvent toutes dans
le même sens, la probabilité d'une plus

grande facilité de se mouvoir dans ce sens est donc $\frac{2^{12}-1}{2^{12}}$ ou bien $\frac{4095}{4096}$. Ainsi il y a 4095 à parier contre 1 que la probabilité de l'événement constamment observé est supérieure à $\frac{1}{2}$.

La probabilité qu'il existe une cause des retours périodiques du soleil sur l'horizon est une fraction qui approche tellement de l'unité, qu'on peut la considérer comme une certitude. Le nombre qu'on aurait à parier contre un, renfermerait plus de 64 billions de chiffres et ne saurait être énoncé dans le langage ordinaire.

On peut aussi calculer la probabilité qu'un événement observé un nombre quelconque de fois de suite, se reproduira encore plusieurs fois. *La proba-*

bilité vaut une fraction qui a, pour numérateur, le nombre d'observations faites plus 1, et pour dénominateur, ce même nombre plus 1, et plus encore le nombre de fois que l'événement doit se reproduire.

Ex. Quelle est la probabilité que, si l'on découvre encore trois planètes, elles marcheront dans le même sens que les 11 autres que nous connaissons? Il faut diviser 11 plus 1 ou 12 par 11 plus 1 plus 3 ou 15; et l'on aura, pour la probabilité demandée, $\frac{12}{15}$ ou $\frac{4}{5}$. Pour la probabilité que le soleil reparaîtra encore 10 fois sur l'horizon, on avait, au 1er janvier 1827, $\frac{2128316}{2128326}$.

On voit que la probabilité irait continuellement en décroissant, à mesure

12.

que le nombre de retours attendus deviendrait plus grand.

Les principes précédens sont très-utiles dans les sciences d'observation. On a fait, par exemple, quatre expériences qui se sont accordées à donner le même résultat ; et l'on en conclut que la probabilité qu'une cinquième expérience donnera encore un résultat conforme aux précédens est $\frac{5}{6}$. Quant à la probabilité qu'il existe un motif qui favorise les retours des résultats observés, elle est $\frac{31}{32}$.

Nous avons supposé dans ce qui précède qu'on n'avait observé qu'une sorte d'événemens qui s'étaient toujours reproduits ; dans ce qui va suivre, nous admettrons deux espèces d'événemens

qui se sont reproduits chacun un certain nombre de fois.

Ex. On a tiré d'une urne, dans 20
tirages consécutifs, 17 boules blanches
et 3 noires ; et l'on demande la probabilité de prendre au 21ième tirage une
boule blanche? il faut dans ce cas diviser le nombre 17 plus 1 ou 18, par le
nombre 20 plus 2 ou 22, et l'on a, pour
la probabilité de tirer encore une boule
blanche au 21ième tirage , $\frac{18}{22}$. De même,
pour la probabilité de tirer une boule
noire, on a $\frac{4}{22}$, et les deux probabilités
réunies valent l'unité ; ce qui suppose
que l'urne ne renferme que des boules
blanches et des boules noires.

Sur 116 comètes dont les orbites se
trouvent calculées dans l'*astronomie*

de *Delambre*, 23 seulement ont leur distance périhélie (*) plus grande que la distance de la terre au soleil. La probabilité qu'une nouvelle comète devra être rangée dans la même classe, sera 23 plus 1 ou 24, divisé par 116 plus 2 ou 118 ; c'est-à-dire la fraction $\frac{24}{118}$ et la probabilité contraire est $\frac{94}{118}$. Il y a donc 24 contre 94 à parier pour l'événement dont il s'agit, ou environ 1 contre 4.

En réduisant ce qui précède en principe, on trouve que, *quand on a observé deux espèces d'événemens, la probabilité qu'un de ces événemens se*

(*) La distance périhélie d'un astre est son plus grand voisinage du soleil.

reproduira encore une fois, est une
fraction qui a, pour numérateur, le nom-
bre de fois que l'événement dont il est
question a été observé, plus 1 ; et, pour
dénominateur, le nombre total des ob-
servations, plus 2.

Les calculs deviennent assez compli-
qués quand on veut déterminer, dans
le cas qui nous occupe, les probabilités composées. Heureusement on trouve
que les résultats sont à peu près les
mêmes que ceux qu'on obtiendrait en
considérant les chances favorables et
les chances défavorables comme étant
numériquement dans le même rapport
que les événemens observés.

Ex. Par les calculs précédens, nous
avons vu que $\frac{24}{118}$ est la probabilité

qu'une nouvelle comète observée aura
sa distance périhélie plus grande que
la distance de la terre au soleil ; et la
probabilité contraire est $\frac{94}{118}$. En considérant 23 comme étant le nombre des
chances favorables à l'événement , et
93 comme le nombre des chances contraires ; ce qui ne supporte en tout que
116 chances possibles , nous aurons
pour les probabilités demandées $\frac{23}{116}$
et $\frac{93}{116}$. On voit que les fractions esti-
mées de cette manière diffèrent peu
de celles que nous avons obtenues précédemment.

La probabilité qu'on observera successivement deux comètes, l'une ayant
sa distance périhélie plus petite que la
distance de la terre au soleil, et l'autre

ayant au contraire sa distance périhélie plus grande, est une probabilité
composée qui se formera du produit
des deux fractions $\frac{23}{116}$ et $\frac{93}{116}$.

Plus on a d'observations et moins il
y a d'erreur à calculer de cette dernière
manière, qui suppose qu'on connaît le
nombre total des chances, et le nombre
des chances favorables. Ces notions
seront développées dans la leçon suivante.

Questions.

Qeul est l'objet de cette leçon?

Comment calculez-vous la probabilité
qu'un événement qu'on a observé plusieurs fois de suite, se reproduira encore une fois?

Appliquez la règle à différens exemples ?

Comment calculez-vous la probabilité qu'il existe une cause qui facilite la reproduction d'un événement qui a été observé plusieurs fois de suites ?

Appliquez la règle à différens exemples ?

Comment calculez-vous la probabilité qu'un événement qu'on a observé plusieurs fois de suite, se reproduira encore un nombre donné de fois ?

Faites des applications des principes aux sciences d'observation ?

Quand on a observé deux espèces d'événemens, comment calcule-t-on la probabilité que l'un de ces événemens se reproduira ?

Peut-on simplifier les calculs dans les exemples précédens ?

—

XIIIe LEÇON.

—

De la manière de prendre des résultats
moyens.

On est très-souvent dans le cas de devoir prendre la valeur moyenne de plusieurs nombres ; *on ajoute alors tous ces nombres, et l'on divise leur somme par leur quantité. Le résultat est la valeur moyenne.*

Exemple. Si l'on entreprend de déterminer la durée de la vie humaine à une époque et dans un pays donnés, on marque pour un très-grand nombre

d'hommes, dans les conditions les plus
diverses, l'âge qu'avait atteint chacun
des décédés; la somme de ces âges, divisée par le nombre des décès, est la durée
moyenne de la vie.

Ils est évident que la valeur moyenne
est connue avec d'autant plus de précision, que l'on fait concourir à cette
recherche un plus grand nombre d'observations ; et l'on voit aussi qu'il est
nécessaire de ne point se borner à certaines professions ou conditions, mais
de les admettre toutes indistinctement,
afin que par la multitude et la promis
cuité des élémens, les variations acci-
dentelles se compensent, et que l'on
forme ainsi un résultat moyen et général. Nous avons vu en effet que dans un

nombre immense d'expériences , la multiplicité des chances fait disparaître ce qui est accidentel et fortuit, et qu'il ne reste que l'effet certain des causes constantes ; ensorte qu'il n'y a point de hasard pour les faits naturels considérés en grand nombre.

On peut acquérir de la manière suivante une connaissance assez exacte de la précision d'un résultat moyen. Il suffit, par exemple , de diviser en deux parties l'ensemble des valeurs observées dont le nombre est supposé très-grand, et de prendre pour chacune de ces parties la valeur du résultat moyen ; car si ces deux valeurs diffèrent extrêmement peu l'une de l'autre, on est fondé à regarder chacune d'elles comme

très-précise. Rien n'est plus propre que
ce genre d'épreuves à mettre en évidence l'exactitude des résultats statistiques, et il est presqu'inutile de présenter au lecteur des conséquences
qui ne sont pas vérifiées par des com-
paraisons des valeurs moyennes.

Ex. On suppose qu'une urne contient
un nombre inconnu de boules blanches
et un nombre de boules noires également
inconnu, on pourra déterminer par expérience le rapport inconnu de ces deux
nombres. Il faut pour cela répéter un
très-grand nombre d'épreuves, dont chacune consiste à extraire une boule de
l'urne proposée, et à l'y replacer après
avoir marqué sa couleur. On comptera
combien il est arrivé de fois qu'une bou-

13

le blanche est sortie, et combien il est arrivé de fois qu'une boule noire est sortie. Le rapport de ces deux nombres, qui sont désignés par m et n, pourra d'abord différer beaucoup du rapport des nombres inconnus M et N; mais le quotient variable $\frac{m}{n}$ approchera continuellement du quotient fixe $\frac{M}{N}$.

Ainsi, en supposant que le nombre des épreuves qui ont été faites est trèsgrand, et désignant par m et n les nombres respectifs des boules blanches ou noires sorties de l'urne, le rapport $\frac{m}{n}$ différera extrêmement peu du rapport $\frac{M}{N}$. La différence $\frac{M}{N} - \frac{m}{n}$ peut être ou positive ou négative, et cela est fortuit; mais la valeur effective de cette différence sera une fraction décimale extrê-

mement petite , et cela arrive nécessai-
rement.

Supposons maintenant qu'après avoir
achevé le nombre d'épreuves, que nous
indiquerons par r, on renouvelle une
opération du même genre, et que le
nombre des épreuves qui forment cette
seconde opération soit r ou un autre
nombre très-grand r'. Le rapport $\frac{m'}{n'}$
des nombres respectifs des boules blanches ou noires sorties pendant cette
seconde opération, diffère aussi extrêmement peu du rapport fixe $\frac{M}{N}$: ainsi
les quantités dont $\frac{m}{n}$ et $\frac{m'}{n'}$ diffèrent entre elles et diffèrent de $\frac{M}{N}$, diminuent
indéfiniment et sans limite à mesure
que les nombres r et r' augmentent ;
c'est-à-dire que les nombres r et r' des

épreuves pourraient être rendus assez
grands pour qu'il n'y eût aucune différence appréciable entre les rapports
déduits de l'une et de l'autre opération.

Un des moyens les plus simples de
vérifier les nombres que fournissent
des observations multipliées, consiste,
comme nous l'avons dit, à diviser for-
tuitement la série de ces observations
en diverses parties, et à comparer les
valeurs que l'on déduit séparément de
chacune de ces parties. L'emploi de ces
règles suppose évidemment que la composition de l'urne ne change pas pendant toute la durée des expériences. On
pourrait sans doute appliquer ces règles au cas où des changemens survien-
draient dans la nature des causes, et

l'on peut même connaître ainsi l'effet
de ces changemens ; mais il est nécessaire, dans ce cas, de considérer séparément les intervalles dans lesquels la
cause demeure constante, et de multiplier les observations relatives à chacun
de ces intervalles. Les sources les plus
communes de l'erreur et de l'incerti-
tude des conséquences que plusieurs
écrivains déduisent des recherches statistiques, sont 1° l'inexactitude des observations primitives recueillies par
des moyens très-divers et non comparables ; 2° le trop petit nombre des
observations, ce qui ne permet point
de les diviser en séries et de former séparément le résultat de chaque série ;
3° l'altération ou progressive ou irré-

13.

gulière que les causes ont subies pendant la durée des observations.

Questions.

Comment trouve-t-on la valeur
moyenne de plusieurs nombres?

Qu'est-ce qui contribue à augmenter
l'exactitude d'une valeur moyenne?

Comment peut-on reconnaître l'exactitude plus ou moins grande d'une valeur moyenne? Donnez un exemple?

Les valeurs moyennes peuvent-elles
faire reconnaître les changemens qui
surviennent dans la nature des causes
des événemens?

Quelles sont les sources les plus
communes de l'erreur et de l'incerti-
tude qu'on déduit des observations?

XIVe LEÇON.

—

Sur la mesure du degré d'approxima-
tion d'un résultat moyen , ou règle
des moindres carrés.

En prenant un résultat moyen , le degré d'approximation ne dépend pas seulement du nombre de quantités qu'on
a réunies, il dépend encore du plus ou
moins de diversité de ces quantités. Il s'a-
git de se former une idée exacte de ce degré d'approximation , et de montrer que
la précision du résultat est une quantité mesurable que l'on peut toujours

exprimer en nombres. Nous énoncerons
d'abord la règle qui doit être suivie
pour trouver cette mesure numérique
de la précision.

On commencera par chercher la valeur moyenne de toutes les valeurs particulières que l'on considère. On prendra ensuite le carré de chacune de ces
valeurs particulières, et l'on cherchera
une seconde valeur moyenne, savoir :
celle des carrés ; on obtiendra de cette
manière, pour les deux moyennes, deux
nombres que nous désignerons, le premier par A et le second par B. On retranchera de B le carré du nombre A,
et l'on divisera le double du reste par
le nombre des valeurs particulières que
l'on considère. Extrayant la racine car-

rée du quotient, on trouvera une quantité que nous désignons par g, et qui
sert à mesurer le degré d'approximation : plus la valeur de g est petite,
plus la moyenne calculée A est voisine
de la valeur exacte que l'on cherche.

Ex. Nous supposons que l'on a trouvé
4000 valeurs particulières, savoir :

$$
\begin{array}{rcl}
1000 & \text{égales à} & 2 \\
2000 & -\quad- & 5 \\
\text{et } 1000 & -\quad- & 12.
\end{array}
$$

En général, les quantités observées
sont toutes inégales, et elles ne se ré-
duisent pas, comme les précédentes,
à un petit nombre de valeurs différentes; mais nous n'avons ici en vue que
d'indiquer la marche du calcul.

La somme des valeurs observées est

1000. 2 + 2000. 5 + 1000. 12 ou 24000, et cette somme divisée par 4000, qui est le nombre des quantités, donne 6 pour la valeur moyenne que nous avons représentée par A. La somme des carrés des valeurs est 1000. 4 + 2000. 25 + 1000. 144 ou 198000; divisant cette somme par 4000, on a $49\frac{1}{2}$ pour la moyenne des carrés que nous avons représentée par B. On en retranchera le carré 36, c'est-à-dire, le carré de la valeur moyenne A, il reste $\frac{27}{2}$. On prend le double de ce reste et l'on divise 27 par 4000; ensuite on extrait la racine carrée du quotient $\frac{27}{4000}$ ou $\frac{1080}{160000}$ cette racine est $\frac{1}{400}\sqrt{1080}$; en effectuant l'opération, on a 0,08216 ou à très-peu près 82 millièmes. C'est cette fraction qui fait connaître le degré d'approximation du résultat moyen. *Les précisions respectives de deux résultats sont en raison inverse des fractions obtenues de cette manière.*

On peut dire que le résultat moyen d'un nombre infini d'observations est une quantité fixe, où il n'entre plus rien de contingent, et qui a un rapport certain avec la nature des faits observés. On lui compare chacune des valeurs particulières, et l'on appelle *erreur* ou *écart* la différence entre cette valeur particulière et la valeur fixe, qui serait le résultat moyen d'un nombre infini d'observations. Ces erreurs ont des limites vraisemblables, c'est-à-dire qu'il est extrêmement probable que l'erreur commise en plus ou en moins n'excèdera .pas une certaine quantité. Il existe d'autres limites plus voisines, pour lesquelles la probabilité de l'erreur est seulement $\frac{1}{2}$; en sorte qu'il peut arriver indifféremment, ou que l'erreur excède ces limites, ou qu'elle y soit comprise.

En général, déterminer le résultat moyen d'un grand nombre de valeurs particulières, c'est mesurer une quantité avec un instrument dont on peut augmenter la précision, autant qu'on le veut, en augmentant de plus en plus le nombre des valeurs observées.

Il nous reste à déterminer maintenant quelle probabilité il y a que la moyenne fixe cherchée est comprise

entre des limites proposées A + D et
A — D : A est le résultat moyen que
l'on a trouvé, et D est une quantité
proposée que l'on ajoute à la valeur A
ou que l'on en retranche. La table suivante fait connaître la probabilité P
d'une erreur positive ou négative plus
grande que D; et cette quantité D est
le produit de g, dont nous avons parlé
plus haut, par un facteur proposé d.

d	P
0,47708	$\frac{1}{2}$
1,38591	$\frac{1}{20}$
1,98495	$\frac{1}{200}$
2,46130	$\frac{1}{2000}$
2,86783	$\frac{1}{20000}$

14

Chacun des nombres de la colonne P fait connaître quelle probabilité il y a que la valeur exacte de la moyenne fixe, qui est l'objet de la recherche, est comprise entre les limites A + D et A — D. La quantité D est égale au produit $g.d$, comme nous l'avons dit. On voit par cette table que la probabilité d'une erreur plus grande que le produit de g par o, 47708, est $\frac{1}{2}$. Il y a donc 1 contre 1 à parier que l'erreur commise ne surpassera pas le produit de g par o,47708. Dans le calcul que nous avons fait plus haut pour déterminer la précision de la valeur moyenne d'une série de nombres, nous avons trouvé pour g la quantité o,08216; en multipliant cette quantité par o,47708, on

obtient 0,039 à peu près. Ainsi il y
avait 1 contre 1 à parier que l'erreur
commise ne surpassait pas 0,039.

La probabilité d'une erreur plus
grande que le produit de g par 1,38591
est beaucoup plus petite que la précé-
dente; elle n'est que $\frac{1}{20}$. Il y a 19 sur 20
à parier que l'erreur du résultat moyen
ne surpassera pas ce second produit.

La probabilité d'une erreur plus grande que la précédente devient extrêmement petite, à mesure que le facteur D
augmente. Elle n'est plus que $\frac{1}{2000}$ lorsque
d approche de 2. La probabilité tombe
ensuite au-dessous de $\frac{1}{2000}$. Enfin, il
y a beaucoup plus de 20000 à parier
contre 1 que l'erreur du résultat moyen
sera au-dessous du triple de la valeur

trouvée pour g. Ainsi, dans l'exemple
que nous avons déjà cité, où l'on a 6
pour le résultat moyen, on peut regarder comme à peu-près certain que cette
valeur 6 n'est pas en défaut d'une quantité triple de la fraction 0,08216 que la
règle a donnée pour la valeur de g. La
moyenne fixe cherchée est donc comprise entre $6 - 0,246$ et $6 + 0,246$.

Pour faciliter le calcul de la valeur
de g, on pourra considérer comme égales entre elles des valeurs particulières
qui différeraient très-peu; et en attri
buant ainsi une grandeur commune à
un certain nombre de valeurs particulières, on rendra le calcul beaucoup
plus facile.

Il résulte de la manière même dont

on calcule la précision d'une valeur
moyenne, que *cette précision augmente
comme la racine carrée du nombre des
observations*. Supposons, par exemple,
qu'on ait fait d'une part 100 observations; et, de l'autre, 400 observations; la
précision de la moyenne qu'on déduira
de la première série d'observations
sera à la précision de la moyenne qu'on
déduira de la seconde série, toutes les
circonstances étant égales d'ailleurs,
comme 10 est à 20, c'est-à-dire comme
les racines carrées des nombres 100 et
400. Donc, pour une même recherche,
la précision du résultat moyen change
à mesure que le nombre des valeurs
observées augmente. Elle devient double si le nombre des valeurs devient

11.

quatre fois plus grand , triple si ce nombre devient neuf fois plus grand , ainsi
de suite. Cette conséquence est simple
et remarquable ; elle doit être connue
de tous ceux qui se livrent à des recherches statistiques , elle montre combien
il faut multiplier les observations pour
que les résultats acquièrent un degré
donné d'exactitude.

Questions.

Quand on a la valeur moyenne de
plusieurs quantités , peut-on mesurer
la précision de ce résultat?

Exposez la règle qu'il faut suivre à
cet effet ?

Appliquez la règle à un exemple ?

Peut-on trouver la probabilité que la

moyenne cherchée ne s'éloignera pas
de limites assignées?

Donnez des exemples du calcul de
cette probabilité?

Comment peut-on simplifier les calculs?

Dans quel rapport la précision d'une
valeur moyenne augmente-t-elle relativement au nombre des observations?

Donnez un exemple numérique.

XV⁰ LEÇON.

—

*Applications du calcul des probabilités
à la vie humaine.*

U~~NE~~ des applications les plus intéres-
santes du calcul des probabilités est la
formation des *tables de mortalité* qui
ont pour objet de faire connaître la loi
d'après laquelle s'éteignent successivement un certain nombre d'individus
nés à une même époque.

Halley, qui construisit la première table de mortalité(en 1693), employa la méthode suivante; il fit, pour la ville de Bres-

law en Silésie, l'énumération de tous
les individus qui , pendant l'espace de
quatre ans , étaient morts entre o et 1
an , entre 1 et 2 ans , entre 2 et 3 ans et
ainsi de suite jusqu'au terme le plus
reculé de la vie : regardant alors la population comme stationnaire , c'est-à-
dire , comme offrant annuellement un
nombre de décès égal au nombre des
naissances , il supposa que tous les individus dont il avait énuméré les décès,
étaient nés en même temps ; et il dédui-
sit de leurs âges respectifs, la loi d'a-
près laquelle ils s'étaient éteints successivement. Il fit donc la somme de
tous les décès, et il en retrancha le
nombre des enfans morts entre o et 1
an , le reste indiqua le nombre des sur-

vivans ; il retrancha de ce reste, le
nombre des enfans morts entre 1 et 2
ans, pour obtenir celui des survivans,
et ainsi de suite.

La méthode que nous venons d'indiquer suppose une population stationnaire, ce qui se présente rarement ; du
reste, si elle laisse à désirer un peu du
côté de l'exactitude, elle présente de
grands avantages pour la simplicité de
l'exécution. La table suivante qui donne la *loi de la mortalité* dans les provinces méridionales des Pays - Bas,
indique comment 100,000 individus nés
en même temps s'éteindraient successivement.

LOI DE LA MORTALITÉ.

Ans.	Indi-vidus.	Ans.	Indi-vidus.	Ans.	Indi-vidus.	Ans.	Indi-vidus.
0	100,000	28	45,866	56	27,155	84	2,929
1	77,507	29	45,284	57	26,357	85	2,429
2	69,470	30	44,709	58	25,547	86	2,000
3	64,799	31	44,147	59	24,727	87	1,619
4	61,899	32	43,589	60	23,890	88	1,285
5	59,864	33	43,023	61	23,041	89	998
6	58,726	34	42,448	62	22,176	90	744
7	57,800	35	41,857	63	21,296	91	537
8	57,129	36	41,249	64	20,402	92	378
9	56,557	37	40,629	65	19,493	93	267
10	56,077	38	39,990	66	18,571	94	204
11	55,660	39	39,335	67	17,636	95	150
12	55,409	40	38,670	68	16,688	96	105
13	54,919	41	37,999	69	15,731	97	76
14	54,569	42	37,322	70	14,761	98	54
15	54,226	43	36,638	71	13,769	99	38
16	53,883	44	35,948	72	12,781	100	25
17	53,533	45	35,252	73	11,718	101	19
18	53,167	46	34,549	74	10,697	102	16
19	52,643	47	33,840	75	9,679	103	13
20	51,956	48	33,125	76	8,706	104	10
21	51,132	49	32,406	77	7,810	105	7
22	50,309	50	31,671	78	6,977	106	4
23	49,498	51	30,940	79	6,213	107	2
24	48,703	52	30,199	80	5,501	108	1
25	47,939	53	29,452	81	4,798	109	0
26	47,218	54	28,698	82	4,131		
27	46,528	55	27,871	83	3,504		

Nous allons montrer maintenant les principales applications de cette table.

On nomme *vie probable*, le nombre d'années après lequel la probabilité d'exister et cellé de ne pas exister sont les mêmes, ou bien, le nombre d'années après lequel les individus d'un même âge, se trouvent réduits de moitié. La table précédente nous montre que les 100,000 individus que nous supposons nés simultanément se trouvent réduits à 5o,000 entre 22 et 23 ans; la probabilité de vivre encore à 22 ans et demi, pour l'enfant naissant, c'est-à-dire la vie probable, est donc $\frac{50000}{100000}$ ou $\frac{1}{2}$. La vie probable est en France de 20 ans et demi, à peu près, d'après l'*annuaire* du bureau des longitudes; elle

est en Angleterre de 27 à 28 ans.
La vie probable est très-courte dans
les grandes villes; elle tombe à Paris
entre 8 et 9 ans; à Londres, un peu
avant 3 ans; à Vienne, un peu avant
2, un peu après à Berlin; et à Bruxelles
après 23 ans.

La vie moyenne se calcule en supposant qu'on fasse un partage égal de
tous les âges des individus que l'on
considère dans les tables de mortalité.

Elle est dans nos provinces de	30	ans	4	mois.
Elle est en France	— 28	—	9	—
à Londres	— 17	—	11	—
à Northampton	— 25	—	2	—
à Vienne	— 15	—	9	—
à Berlin	— 17	—	1	—
en Suisse	— 37	—	1	—

On peut, au moyen de la table de

15.

mortalité, déterminer la probabilité de
vivre encore un certain nombre d'années, à un âge quelconque; si l'on
demandait, par exemple, quelle est la
probabilité de vivre encore 12 ans,
pour un individu âgé de 3o ans, on
chercherait combien il reste de survivans à 3o et à 42 ans, et l'on trouverait
par la table, les nombres 44709 et 37322.
Le premier nombre devrait être considéré comme le nombre total des chances; et le second, comme le nombre
de chances favorables, la probabilité
demandée serait donc $\frac{37322}{44709}$; on trouverait, pour la France, $\frac{355400}{438183}$; ces probabilités sont à peu près égales.

Si l'on cherchait quelle est la vie
probable à 3o ans, il faudrait prendre

la moitié du nombre des individus de cet âge et l'on aurait 22354. Ce nombre correspond dans la table à 62 ans à peu près ; il y a donc 1 contre 1 à parier que l'individu de 30 ans pourra atteindre 62 ans ; et l'on dit que la vie probable de l'homme de 30 ans est de 32 ans ; en France, elle n'est pas tout-à-fait de 30 ans.

La vie probable est plus ou moins grande selon les âges : elle est à son *maximum* dans presque tous les pays vers 4 à 5 ans. Dans les provinces méridionales des Pays-Bas, la vie probable est à son *maximum* vers 5 ans, et elle est de 47 à 48 ans ; en France, elle tombe entre 4 et 5 ans et vaut près de 46 ans.

Le *maximum* de la vie moyenne tombe dans nos provinces méridionales entre 5 et 6 ans; en Angleterre, entre 6 et 7 ans, d'après *Price;* en France, entre 5 et 6 ans, d'après *Duvilard*, et sa valeur est de 41 à 45 ans.

On peut aussi déterminer la probabilité que deux personnes dont les âges sont désignés, vivront encore après un certain nombre d'années. Cette probabilité est alors composée des deux probabilités simples que chacune de ces personnes vivra encore à l'époque désignée : par exemple, quelle est la probabilité qu'un individu âgé de 30 ans et sa femme âgée de 20 ans vivront encore dans 12 ans. Il faudra multiplier la fraction $\frac{37322}{44709}$ par $\frac{43589}{51956}$. Cette der-

nière fraction exprime la probabilité
de vivre encore 12 ans quand on a atteint l'âge de 20 ans. Le produit indiqué
plus haut vaut à peu près $\frac{7}{10}$.

On pourrait de la même manière
déterminer la probabilité que trois,
quatre ou un plus grand nombre de personnes vivront encore après un temps
désigné.

On peut rendre la loi de la mortalité
sensible à l'œil par une construction
géométrique (*voyez la planche*) ; on
prend à cet effet sur une droite *oa*, un
certain nombre de parties égales dont
les longueurs représentent des temps
égaux, par exemple des années. Puis
en chacun des points de division, on
élève des perpendiculaires qui repré-

15.

sentent, par leurs longueurs, les nombres respectifs des vivans de tous les
âges. La première perpendiculaire *ob*
représente donc un certain nombre
d'individus, nés en même temps. La seconde représente le, nombre de survivans à l'âge d'un an, et ainsi de suite.
Chaque perpendiculaire montre le nombre de survivans, et cette perpendiculaire décroit insensiblement, à mesure
que ces survivans s'éteignent, jusqu'à ce
qu'elle devienne nulle quand on représente la plus longue durée de la vie. Les
courbes construites de cette manière
pour les différens pays ne se ressemblent
pas exactement. Ces lignes s'abaissent
plus ou moins rapidement selon que la
mortalité est plus ou moins forte. Dans

notre construction, la ligne supérieure
indique, en s'abaissant, le décroissement progressif du nombre des indivi_
dus nés en même temps, pour nos
provinces méridionales. La seconde li-
gue, qui marque un décroissement
plus rapide, est applicable à la France.

La table de mortalité que nous avons
donnée peut encore servir à déterminer combien, sur une population, on
compte d'individus d'un âge déterminé,
ce qui constitue la *loi de la population ;*
que l'on fasse en effet la somme de tous
les nombres que contient la table, et
si l'on considère ce nombre comme re-
présentant la population, les nombres
particuliers de la table représente-
ront les individus des différens âges

dont cette population est composée.

Le calcul des probabilités a fait reconnaître un fait assez singulier, c'est qu'il naît généralement plus de garçons que de filles; et cette observation a été faite dans tous les pays. Le rapport des naissances masculines aux naissances féminines, est

Dans les Pays-Bas comme . . 1 est à 0,9427

En France — . . 1 — 0,9375

Dans le Roy. de Naples comme 1 — 0,9560

En Angleterre — 1 — 0,9470

Il est remarquable, d'après les observations de dix ans, que ce rapport n'est pas le même pour les villes et les campagnes du royaume des Pays-Bas. On trouve pour les villes 1 est à 0,9480, et pour les campagnes, 0,9375.

Dans l'estimation de la population,
on a aussi l'habitude de chercher le rapport de la population aux naissances
et aux décès ; ces rapports, pour notre
pays, et d'après dix années d'observations recueillies par la *commission de
statistique du royaume*, ont les valeurs
suivantes :

	VILLES.	CAMPAGNES.	
1 naissance par. .	26,07	29,14	individus
1 décès — .	32,61	43,83	—

On trouve aussi qu'il faut compter
1 mariage par 132 individus ; et pour
chaque mariage on compte de 4 à 5 enfans ou plus exactement 4,56. Ce dernier rapport est la *mesure de la fécondité ;* il varie selon les pays, comme
on peut le voir par le tableau suivant :

Savoie	5,65
Gouvernement de Venise . .	5,45
Bohême	5,27
Moscovie.	5,25
Province de Bergame. . . .	5,24
Portugal.	5,14
Partie de l'Écosse . . . . -	5,13
Moravie et Silésie.	4,84
Pays-Bas.	4,56
France	4,21
Suède.	3,62
Angleterre	3,50

Les quantités de naissances et de décès ne sont pas les mêmes aux différens mois de l'année, mais elles présentent un *maximum* et un *minimum*. Ces quantités, malgré les modifications qu'elles doivent subir par la différence des climats et des mœurs, semblent suivre une loi qui se manifeste assez bien par

les observations de 18 années receuil-
lies à Bruxelles. Elle a été vérifiée depuis
par plus de 13 millions d'observations
recueillies par M. *Villermé*, sur différens points du globe, lesquelles paraissent ne plus laisser de doute à cet égard.
Pour se former une idée de cette loi,
il suffira de jeter les yeux sur le tableau ci-joint, qui est le résultat des
recherches faites à Bruxelles.

	DÉCÈS.	NAISSANCES.
Janvier	1,172	1,040
Février	1,110	1,157
Mars	1,100	1,099
Avril	1,068	1,079
Mai	0,995	0,989
Juin	0,916	0,956
Juillet.	0,806	0,901
Août	0,844	0,903
Septembre	0,884	0,940
Octobre	0,954	0,949
Novembre	0,975	0,968
Décembre	1,175	1,172

Le *mininum* des naissances qui tombe en juillet, paraît arriver plus tôt à mesure qu'on avance vers le sud.

Nous finirons cette leçon par une remarque concernant un préjugé généralement répandu parmi le peuple sur le prétendu danger d'être 13 à table. Si l'on suppose 13 personnes de différens âges, et si l'on cherche la probabilité que l'une d'elles au moins mourra pendant l'année, on trouve qu'il y a environ 1 contre 1 à parier pour l'arrivée d'un décès au moins. Ce calcul, au moyen d'une mauvaise interprétation, a pu donner lieu à des préjugés d'autant plus ridicules que des personnes croient conjurer le danger en appelant un plus grand nombre de

convives, ce qui ne fait qu'augmenter
la probabilité que l'événement que l'on
redoute aura lieu.

Questions.

Quel est l'objet des tables de mortalité ?

Comment construit-on une table de
mortalité ?

Cette méthode de construction pré-
sente-t-elle des inconvéniens ?

Qu'est-ce que la vie probable ?

Quelle est la vie probable dans les
principaux royaumes et dans quelques
capitales de l'Europe?

Qu'est-ce que la vie moyenne?

Dites qu'elle est la vie moyenne dans
différens lieux?

16

Comment faut-il calculer la probabilité de vivre encore un certain nombre
d'années, à un âge donné ?

Comment faut-il calculer la vie probable , à un âge donné?

A quel âge la vie probable est-elle à
son *maximum* ?

A quel âge la vie moyenne est-elle
à son *maximum* ?

Quelle est la probabilité que deux
individus vivront encore à une certaine époque ?

Peut-on rendre la loi de la mortalité
sensible à l'œil ?

Naît-il généralement plus de garçons
que de filles ?

Quel est le rapport des naissances,
des décès et des mariages à la popula-

tion dans le royaume des Pays-Bas ?

Quelle est la fécondité dans le royaume des Pays-Bas ?

Les naissances et les décès sont-ils en
même nombre pendant les différens
mois de l'année ?

Que faut-il penser de la crainte qu'é-
prouvent certaines personnes de se
trouver réunies au nombre de 13 ?

———

XVIe LEÇON.

Des assurances et des rentes viagères.

LES sociétés d'*assurances* ont pour but de mettre , moyennant de certaines rétributions, les hommes à l'abri des chances qui menacent leurs intérêts. De là , les assurances sur la vie des hommes , les assurances contre l'incendie, contre l'intempérie des saisons, contre les dangers de la mer , etc.

L'*assurance sur la vie* est une espèce de contrat en vertu duquel , au moyen d'une somme payée une seule fois ou

d'une somme plus petite payée annuellement, on a droit à un capital ou à
une rente au bout d'un certain temps.
Le contrat reçoit le nom de *police d'assurance;* on nomme *prix de l'assurance*
la somme payée une seule fois pour
toutes, et *prime d'assurance* celle qu'on
paie annuellement.

Il existe différens modes d'assurances; nous ferons connaître les principaux.

Une personne, dans la vue de laisser, après sa mort, un capital à sa fa-
mille, peut demander une assurance
sur sa vie. Cette assurance sera faite ou
pour un temps déterminé, tel qu'un
an, deux ans, trois ans, etc., ou pour
la vie entière. Dans le premier cas, si

16.

l'assuré meurt avant le terme stipulé,
les héritiers reçoivent le capital ; si l'assuré dépasse le terme, ils n'ont plus rien
à prétendre ; dans le second cas, les
conditions de la police doivent toujours
être remplies (*).

On calcule ce que l'assuré a dû payer,
en observant que les espérances mathématiques doivent être égales de part
et d'autre, abstraction faite du bénéfice
de l'assureur. Si l'on cherche quel est
le prix d'une assurance de 100 fl. effec-
tuée pour un an, on observera qu'il
n'y a qu'une probabilité plus ou moins

(*) Dans la plupart des sociétés d'assurances,
il y a cependant des cas d'exception, par exemple, quand l'assuré meurt sous le glaive de la
justice, ou dans un duel, ou par un suicide, etc.

grande que l'assureur devra effectuer
le paiement de 100 fl., et cette probabilité dépend de l'âge de l'assuré. Il
faudra donc, pour l'équité, que ce dernier paie une somme égale à la valeur
qu'il espère multipliée par la probabilité de l'obtenir. Si l'assuré avait 40 ans,
la probabilité de mourir dans le cours
de l'année serait, d'après notre table,
$\frac{671}{38670}$ et cette fraction multipliée par
100 donnerait le prix de l'assurance,
c'est-à-dire fl. 1,74 environ. Par les tables de mortalité de France, on obtiendrait fl. 1,89. C'est ce que fait payer la
compagnie d'assurances générales établie à Bruxelles; la *société de l'union
belge et étrangère* fait payer fl. 1,87.
Ces sociétés suivent la table de morta-

lité de *Duvillard*, qu'on trouve dans
l'*Annuaire* du bureau des longitudes de
France. On voit que le bénéfice de l'assureur se réduit ici aux intérêts de la
somme versée par l'assuré. Ce bénéfice
pourra paraître plus considérable si
l'on observe qu'on n'assure que des
personnes se portant actuellement bien,
et pour lesquelles la probabilité de
mourir est conséquemment bien moins
forte que celle indiquée par les tables(*).

Quand il s'agit d'un terme plus long
qu'un an, les sociétés d'assurances
tiennent compte de l'intérêt de l'argent

(*) La *compagnie d'assurances générales*
de Bruxelles et celle de l'*union* exigent, en sus
des primes, un droit de 2 fl. 50 c. pour l'expédi-
tion de la police d'assurance.

qu'on leur remet. La *société de l'union belge*, par exemple, reçoit fl. 46,39 pour prix d'une assurance de 100 fl. sur la vie entière, à l'âge de 40 ans. Il y a certitude de payer dans ce cas, mais après un terme plus ou moins reculé, selon l'âge de l'assuré. Le calcul se réduit alors à examiner quelle somme il faut faire payer pour qu'avec ses intérêts, estimés à 3 ou 4 et quelquefois à 5 pour cent, elle ait une valeur de 100 fl.

Quelquefois au lieu d'un capital, on assure à ses héritiers une rente qui a la même valeur que ce capital, et pour laquelle on paie conséquemment le même prix ou la même prime annuelle.

Deux personnes, deux époux par

exemple, peuvent faire assurer sur
leurs vies réunies un capital ou une
rente, en faveur du dernier vivant indistinctement, ou bien en faveur de
celui des deux qui aura été désigné d'a-
vance. Le cas des assurances se rap-
porte aux probabilités composées. La
société de l'union belge fait payer une
prime annuelle de 1,60 fl. pour une
assurance de 100 fl. payable après le
décès de deux personnes âgées, l'une
de 40 ans et l'autre de 30. La prime serait de 1,89 fl. si l'assurance de 100 fl.
était payable à la plus jeune des deux
personnes en cas de survivance, et
de 2,51 si le survivant n'était point désigné.

Les sociétés d'assurances reçoivent

aussi des placemens en viager, des donations en faveur d'enfans, des épargnes hebdomadaires, etc. Les *paie-
mens viagers* consistent à faire un paiement unique ou à donner des primes
annuelles pour acquérir un capital ou
une rente à une certaine époque ; il faut
avoir égard dans le calcul à la vie probable de l'assuré et à l'intérêt de l'argent
qu'il fournit. Les *donations en faveur
d'enfans* consistent à assurer un capital
ou une rente à un individu quand il
aura atteint un âge désigné ; ce calcul
est le même que le précédent. Les *épargnes hebdomadaires* s'accumulent avec
leurs intérêts et sont restituées au choix
du déposant.

On voit suffisamment d'après ce qui

précède, que les sociétés d'assurances
sur la vie ont pour bases la considération des lois de la mortalité humaine,
et l'évaluation des intérêts que produit
une certaine somme. On sent donc
toute l'importance d'avoir des tables de
mortalité dressées avec soin, et de
pouvoir même établir la distinction des
hommes et des femmes, puisque la
mortalité est généralement moindre
chez ces dernières. Les tables ont aussi
besoin d'être renouvelées à mesure que
nos mœurs et notre genre de vie éprou-
vent des modifications.

Les sociétés d'assurances peuvent
être constituées par l'état, par des sociétés particulières ou par des associations mutuelles. On ne connaît encore

dans la pratique que ces deux derniers
genres d'établissemens. Les sociétés
particulières sont un objet de spéculation, où souvent les avantages des assureurs sont immenses ; les associations
mutuelles, où les assureurs sont assurés, se régissent par elles-mêmes et
sont intéressées à faire valoir les intérêts communs avec le plus d'économie
possible. Il existe en outre beaucoup
de sociétés d'un genre mixte, ce sont
des sociétés particulières où les assurés
sont représentés et ont une part dans
les bénéfices.

Les assurances contre les dangers de
la mer, contre l'incendie, contre l'intempérie des saisons, etc., ont besoin
de s'appuyer sur l'observation de faits

17

nombreux qui manquent généralement
encore. Ces faits aideraient à calculer la
probabilité de la perte et du gain, puisqu'en stricte rigueur et en faisant toujours abstraction du bénéfice des assureurs, *la somme déposée par l'assuré
devrait valoir le produit de la valeur
de la propriété qu'il fait assurer, par
la probabilité qu'il a de la perdre.*

Il s'est établi à Paris en 1818 une
caisse d'épargne et de prévoyance, qui
mériterait d'être imitée dans tous les
pays (*). « Loin d'avoir été pour ses
fondateurs un objet de spéculation,
cette caisse est administrée gratuite-
ment par eux; elle a reçu d'eux une

(*) Voyez l'*Annuaire* du bureau des longitudes de France; pour 1828.

donation qui suffit aux dépenses jour-
nalières de la comptabilité : elle a pour
unique but de présenter aux moindres
économies, sans frais et sans risques
pour l'avenir, un placement avantageux, offert seulement, partout ailleurs,
à des sommes assez élevées. »

Les sociétés d'assurances et les cais-
ses d'épargnes sont des établissemens
éminemment utiles quand ils sont ad-
ministrés dans des vues sages ; ils ont
d'ailleurs un but moral en faisant fruc-
tifier les économies de l'homme pré-
voyant, soit à son avantage, soit au
bénéfice de personnes qui lui sont chè-
res. On peut encore les considérer
comme inspirant l'amour du travail et
du bon ordre, puisque les intérêts de

l'assuré y sont rattachés. Les sociétés d'assurances seraient moins profitables aux gouvernemens que les loteries, mais elles leur feraient infiniment plus d'honneur, et elles deviendraient un des moyens les plus puissans pour consolider la tranquillité publique, tout en améliorant la moralité du peuple. Les gouvernemens ne sentent peut-être pas assez qu'en faisant le bien, ils intéresseraient un nombre infini d'individus à leur existence.

Questions.

Quel est le but des sociétés d'assurances?

Qu'est-ce qu'une assurance sur la vie?

Que nomme-t-on police d'assurance?

Que signifient les mots prix et prime d'assurance?

Quels sont les principaux modes d'assurances sur la vie ?

Donnez quelques exemples des principaux modes d'assurances?

Peut-on faire des assurances sur deux têtes?

Que nommez-vous placemens viagers?

Quels sont les différens modes de sociétés d'assurances sur la vie?

Quel est le principe d'après lequel toutes les sociétés d'assurances devraient se régler?

Les sociétés d'assurances sont-elles avantageuses dans un état?

—

17.

XVIIe LEÇON.

—

De la probabilité des témoignages.

Tout ce qui concerne les témoignages
a été ramené à la théorie des probabilités : on suppose à cet effet que, sur un
nombre donné de dépositions, le témoin
dit toujours un même nombre de fois la
vérité.

Exemple. Si l'on a observé que sur
dix dépositions d'un individu, neuf
sont régulièrement vraies ; on dit que
la probabilité de la vérité de sa déposition est $\frac{9}{10}$, et la probabilité contraire
est $\frac{1}{10}$.

Il est évident que, pour un seul témoin, on ne peut avoir à considérer
que deux circonstances, savoir : la vérité ou la fausseté de sa déposition. S'il
existe deux témoins, il se présente quatre circonstances à examiner, savoir :
la vérité ou la fausseté des deux dépositions et les deux cas où les dépositions
seraient contradictoires.

Ex. La probabilité qu'un premier té-
moin dira vrai est $\frac{9}{10}$; la probabilité
qu'un second témoin dira vrai est $\frac{7}{8}$; et
les probabilités contraires sont $\frac{1}{10}$ et $\frac{1}{8}$.
Si l'on cherche à connaître maintenant
les probabilités composées pour les
quatre circonstances différentes qui
peuvent avoir lieu, on trouvera pour

celle que

Les deux témoins disent vrai .	$\dfrac{9}{10} \cdot \dfrac{7}{8}$ ou	$\dfrac{63}{80}$
Les témoins ne disent pas vrai .	$\dfrac{1}{10} \cdot \dfrac{1}{8}$ ou	$\dfrac{1}{80}$
Le 1er témoin seul dit vrai . .	$\dfrac{9}{10} \cdot \dfrac{1}{8}$ ou	$\dfrac{9}{80}$
Le 2e témoin seul dit vrai . .	$\dfrac{1}{10} \cdot \dfrac{7}{8}$ ou	$\dfrac{7}{80}$

Telles sont les probabilités avant que les dépositions soient connues, et leur somme vaut l'unité. Mais quand les dépositions sont faites, il arrive de deux choses l'une, ou les dépositions s'accordent, ou bien elles sont contradictoires. L'estimation des probabilités se ramène alors aux probabilités relatives, de la manière suivante :

Ier cas. Les témoins ne peuvent s'ac-

corder que pour dire vrai tous deux ou
pour mentir. Or, les calculs précédens
nous montrent qu'il y a, dans ce cas,
63 contre 1 à parier, en négligeant toutes les autres chances qu'il devient inutile de prendre en considération ,
puisque les dépositions ne sont point
contradictoires. On a donc pour la probabilité que

Tous deux disent vrai. . . . $\dfrac{63}{64}$,

Tous deux mentent . . . . $\dfrac{1}{64}$.

IIe cas. Si les dépositions sont contradictoires, il ne peut plus être question que de savoir lequel des deux
témoins a dit vrai. Or, on peut parier
9 pour le premier et 7 pour le second

d'après ce qui a été vu ; ainsi, on a
pour la probabilité que

$$\text{Le 1}^{\text{er}}\text{ dit vrai} \quad . \quad . \quad . \quad . \quad . \quad . \quad \frac{9}{16},$$

$$\text{Le 2}^{\text{e}}\text{ dit vrai} \quad . \quad . \quad . \quad . \quad . \quad . \quad \frac{7}{16}.$$

S'il fallait calculer les probabilités
de plus de deux témoignages, on ferait
encore dépendre ce calcul, des probabilités composées, c'est-à-dire, qu'il
faudrait multiplier entre elles les probabilités simples de toutes les circonstances isolées que l'on considère.

Ex. On va entendre les dépositions
de quatre témoins dont les degrés de
véracité sont représentés par la même
fraction $\frac{9}{10}$, et l'on demande quelle est

la probabilité que leurs témoignages
s'accorderont et quelle est celle que
leurs témoignages seront contradictoires ? On remarquera que les témoins ne
peuvent s'accorder que pour dire vrai
ou pour mentir ; or, la probabilité que
la première circonstance aura lieu, vaut
$\frac{9}{10} \cdot \frac{9}{10} \cdot \frac{9}{10} \cdot \frac{9}{10}$ ou $\frac{6561}{10000}$, et celle
que la seconde circonstance aura lieu,
vaut $\frac{1}{10000}$. Donc on a, pour probabilité
de l'accord de tous les témoignages, la
fraction $\frac{6562}{10000}$; et, pour probabilité
que les témoignages seront contradictoires, 1 moins la fraction précédente,
ou bien $\frac{3438}{10000}$.

Supposons maintenant que les témoins aient déposé et que leurs dépositions s'accordent, il ne peut plus être

question alors que de savoir s'ils ont
tous dit vrai ou s'ils ont tous menti. Or
le calcul précédent nous montre qu'il y
a 6561 chances pour la première hypothèse; et 1 pour la seconde; donc on a
pour probabilité que

$$\text{Les témoins disent vrai} \quad \frac{6561}{6562}$$

$$\text{Les témoins mentent} \quad \frac{1}{6562} \, .$$

En suivant la marche des calculs précédens , on parvient facilement aux
conclusions suivantes :

1° *Plus on entend de témoins et plus
augmente la probabilité que leurs dépositions seront contradictoires.*

2° *Si les dépositions n'ont pas été*

contradictoires , plus elles sont nom-
breuses et plus il est probable qu'elles
sont conformes à la vérité.

Ces conclusions supposent toutefois
que le degré de véracité de tous les témoins surpasse $\frac{1}{2}$. Si l'on admettait une
hypothèse contraire, la première con-
clusion serait encore vraie et la seconde
devrait être modifiée de la manière suivante : si les dépositions n'ont pas été
contradictoires , plus elles sont nom-
breuses et plus il est probable qu'elles
sont fausses.

Ce qui précède peut nous guider dans
l'estimation de la confiance qu'on peut
attacher aux *traditions* d'événemens
même ordinaires; car on voit facilement
qu'un récit doit devenir d'autant moins

probable qu'il passe par plus de bou-
ches; et, dans ce cas, le dernier témoin seul est entendu par la personne
qui prend l'information.

Quand il s'agit d'un événement extraordinaire, dont nous avons été spec-
tateurs, la prudence nous avertit de ne
le considérer que comme probable,
parce que le témoignage de nos sens
peut aussi être fautif. Les progrès des
sciences nous montrent en effet qu'on
peut souvent être exposé à prendre des
illusions pour des réalités.

Quand cet événement extraordinaire
nous est transmis par un témoin, il
perd encore de sa probabilité qui de-
viendra d'autant plus faible que cet
événement aura été l'objet d'un plus
grand nombre de traditions.

Ex. Quatre personnes qui ont cha-
cune pour degré de véracité $\frac{9}{10}$, se sont
transmis le récit d'un événement extraordinaire, pour la réalité duquel nous
aurions parié 1 contre 1, lors même
que nous en aurions été témoins nous-
mêmes ; quelle est la probabilité que la
4e tradition est conforme à la vérité ?
Il faut multiplier $\frac{1}{2}$, la probabilité de
l'événement, par $\frac{6561}{10000}$, la probabilité
que chacune des traditions a été vraie ;
on a ainsi $\frac{6561}{20000}$ ou $\frac{1}{3}$ à peu près. Ce serait encore ici le cas de rappeler ce que
dit le célèbre *La Place*, relativement à
la diminution de la probabilité des traditions, qu'il compare à l'extinction de la
clarté des objets par l'interposition de
plusieurs morceaux de verre. Les tradi

tions ou les témoignages successifs qui
sont rendus simplement par *oui* ou par
non, doivent être considérés séparément;
car deux fausses dépositions successives
peuvent répondre à la vérité, l'une rec-
tifiant l'inexactitude de l'autre. La
vérité peut donc être dite ainsi de différentes manières , tandis que précédemment elle ne pouvait résulter que
de l'accord de tous les témoignages dans
un même sens.

Ex. Il s'agit de savoir si *Pierre* est
mort par suite d'un duel , nous tenons
la déposition affirmative d'une troisième
bouche ? Or , en supposant que le fait
fût vrai, il pourrait nous être parvenu
des quatre manières suivantes :

	1	2	3	4
1er témoin.	oui	oui	non	non

	1	2	3	4
2ᵉ témoin	oui	non	oui	non
3ᵉ —	oui	oui	oui	oui.

La vérité peut donc nous être parvenue par trois assertions vraies, ou, de
trois manières, par une assertion vraie
et deux assertions mensongères. Dans
ce calcul, il faudrait avoir égard aux
probabilités de chacune de ces assertions, et l'on aurait, en faisant égales à
$\frac{9}{10}$, $\frac{8}{9}$ et $\frac{7}{8}$, les degrés de véracité du
1ᵉʳ, du 2ᵉ et du 3ᵉ témoin, les proba-
bilités suivantes, en faveur de la vérité:

Oui, oui, oui. $\quad \frac{9}{10} \cdot \frac{8}{9} \cdot \frac{7}{8}$ ou $\frac{504}{720}$

Oui, non, oui. $\quad \frac{9}{10} \cdot \frac{1}{9} \cdot \frac{1}{8}$ ou $\frac{9}{720}$

Non, oui, oui. $\quad \frac{1}{10} \cdot \frac{1}{9} \cdot \frac{7}{8}$ ou $\frac{7}{720}$

Non, non, oui. $\quad \frac{1}{10} \cdot \frac{8}{9} \cdot \frac{1}{8}$ ou $\frac{8}{720}$

18.

La somme de ces probabilités est $\frac{528}{720}$. Nous pouvons avoir été induits en erreur de la manière suivante :

		1	2	3	4
1er témoin		oui	oui	non	non,
2e	—	oui	non	oui	non ,
3e	—	non	non	non	non ,

et les probabilités de ces assertions sont,

Oui, oui, non. $\dfrac{9}{10} \cdot \dfrac{8}{9} \cdot \dfrac{1}{8}$ ou $\dfrac{72}{720}$

Oui, non, non. $\dfrac{9}{10} \cdot \dfrac{1}{9} \cdot \dfrac{7}{8}$ ou $\dfrac{63}{720}$

Non, oui, non. $\dfrac{1}{10} \cdot \dfrac{1}{9} \cdot \dfrac{1}{8}$ ou $\dfrac{1}{720}$

Non, non, non. $\dfrac{1}{10} \cdot \dfrac{8}{9} \cdot \dfrac{7}{8}$ ou $\dfrac{56}{720}$

La probabilité que nous serons in-

duits en erreur de l'une de ces quatre
manières , sera donc $\frac{192}{720}$. Cette fraction
et la précédente valent ensemble l'unité.

Les exemples précédens suffiront
pour montrer comment il faut calculer
les probabilités des témoignages et des
traditions dans les cas qui se présentent
le plus fréquemment. Ils nous appren-
nent en même temps combien nous devons être en garde contre ce que nous ne
pouvons savoir que par témoignage ou
par des traditions même écrites, qui sont
sujettes à être altérées. Quand il s'agit
de temps reculés , le bienfait de l'imprimerie, qui substitue un seul témoignage
à une série de traditions qui peuvent
dénaturer la vérité , devient un garant
sûr pour l'exactitude des faits histori-

ques, surtout si ces faits ont été retra-
cés sous les yeux des contemporains
qui en étaient juges (*).

(*) Nous allons citer un exemple qui prouvera
combien dans ce cas même, il faut user des circonspection. Quelques jours après la bataille de
Waterloo, un journal du pays annonça qu'un
personnage auguste, ayant été blessé, pris par
les ennemis et sauvé ensuite de leurs mains, jeta
ses décorations à ses libérateurs en s'écriant :
Mes amis, tous, vous les avez méritées ! Ce fait
fut répété et a été cité depuis dans plusieurs ouvrages comme un des faits historiques les mieux
établis. Nos descendans se garderont bien de
douter de son authenticité puisqu'il a été écrit et
répété sous nos yeux. Cependant nous avons vu
l'auteur de ce récit, innocemment imaginé, s'ef-
frayer de la confiance avec laquelle il avait été
reçu et des argumens qu'on peut en déduire pour
la vérité des faits historiques.

Questions.

Quelle est l'hypothèse par laquelle on ramène la théorie des témoignages à celle des probabilités ?

Comment estime-t-on les témoignagnes, quand il se présente un ou deux témoins ?

Calculez les probabilités des témoignages, avant la déposition ?

Calculez la probabilité des témoignages , après la déposition ?

Donnez un exemple de ces mêmes calculs pour le cas où il se présenterait un grand nombre de témoins ?

Quels sont les principes qu'on peut déduire de ce qui précède ?

Comment doit-on considérer les traditions?

Que nous prescrit la prudence dans le cas des événemens extraordinaires dont nous sommes témoins?

Comment doit-on considérer les événemens extraordinaires que nous ne connaissons que par des traditions?

Comment doit-on calculer les probabilités des traditions ou des témoignages successifs rendus simplement par *oui* ou par *non*?

Donnez un exemple de ce calcul?

L'imprimerie peut-elle être utile pour établir l'exactitude des faits historiques?

———

XVIIIe LEÇON.

—

Des décisions des tribunaux et des élections.

L<small>A</small> théorie des décisions pourrait se ramener à celle des témoignages, si, sur un même nombre de votes, un juge était toujours exposé à se tromper un même nombre de fois.

E<small>XEMPLES</small>. Supposons que, sur 10 votes, on soit généralement dans le cas de se tromper une fois; on aura pour la probabilité d'un bon jugement $\frac{9}{10}$, et pour la probabilité contraire $\frac{1}{10}$.

D'après ce qui a précédé, on peut calculer facilement la probabilité qu'une décision sera rendue à l'unanimité. Il faudra à cet effet que tous les votes soient conformes à la vérité ou contraires à la vérité.

Ex. Quelle est la probabilité que trois juges prononceront une décision à l'unanimité, si le degré de confiance qu'ils méritent est $\frac{9}{10}$? La probabilité que les trois votes seront conformes à la vérité est composée et vaut le poduit $\frac{9}{10} \cdot \frac{9}{10} \cdot \frac{9}{10}$ ou $\frac{729}{1000}$; et la probabilité que les trois votes sont contraires à la vérité est $\frac{1}{10} \cdot \frac{1}{10} \cdot \frac{1}{10}$ ou $\frac{1}{1000}$. La probabilité pour l'unanimité est donc $\frac{730}{1000}$, si l'on n'a point égard à la bonté du jugement.

Le degré de confiance que méritent
les juges n'est pas une quantité constante, mais elle varie avec les lieux, les
temps, l'état des lumières, les principes
politiques, les opinions, etc. Les calculs précédens ne peuvent donc être
admis qu'avec circonspection. La nature de l'affaire qui est soumise à des
juges doit aussi influer sur leur décision:
or, cette décision ne peut être rendue
que d'après des preuves morales qui ne
sont jamais que des probabilités ; car il
faudrait s'abstenir de juger si l'on at-
tendait l'évidence mathématique, mais
lorsque les preuves ont une force telle
que le produit de l'erreur à craindre
par sa faible probabilité, soit inférieur
au danger qui résulterait de l'impunité

19

du crime, le jugement est commandé par l'intérêt de la société. Ce jugement se réduit, si je ne me trompe, dit *La Place,* à la solution de la question suivante : la preuve du délit de l'accusé a-t-elle le haut degré de probabilité nécessaire pour que les citoyens aient moins à redouter les erreurs des tribunaux, s'il est innocent et condamné, que ses nouveaux attentats, et ceux des malheureux qu'enhardirait l'exemple de son impunité, s'il était coupable et absous? Ce qui rend presque toujours la question dont il s'agit insoluble, ajoute ce grand géomètre, est l'impossibilité d'apprécier exactement la probabilité du délit et de fixer celle qui est nécessaire pour la condamnation de

l'accusé. Chaque juge à cet égard, est
forcé de s'en rapporter à son propre tact.

Si nous continuons à suivre *La Place*
dans l'examen de la composition des
tribunaux, nous trouverons plusieurs
conséquences remarquables qu'il importe de signaler.

1° *La majorité exigée demeurant la
même, plus le nombre des juges augmente, plus la probabilité de l'erreur
augmente également.* Ainsi l'accusé se
trouve dans une position moins avantageuse devant un tribunal de huit juges
que devant un tribunal de six juges,
quand il suffit d'une majorité de deux
voix pour le condamner. La probabilité de l'erreur à craindre est plus
grande que $\frac{1}{4}$ dans le premier cas, et

elle est moindre que $\frac{1}{4}$ dans le second
cas. En Angleterre, il faut l'unanimité
d'un jury de douze membres, pour la condamnation d'un accusé devant les tribunaux; dans la chambre des pairs, on
exige une majorité de douze voix quel
que soit le nombre des juges ; or, s'il
se trouvait 212 juges, le calcul montre
que la probabilité de l'erreur à craindre
serait $\frac{1}{5}$; et $\frac{1}{8192}$ seulement, dans le
cas d'un jury composé de 12 membres. Il
ne suffit donc pas que la majorité reste
la même.

2° *Quand la majorité exigée est à la
minorité dans un rapport géométrique
constant, plus le nombre des juges
augmente, plus la probabilité de l'erreur diminue.* Ainsi dans les tribunaux

qui ne peuvent condamner qu'à la pluralité des deux tiers des voix , la probabilité de l'erreur à craindre est à peu
près $\frac{1}{4}$, si le nombre des juges est six ;
elle est au-dessous de $\frac{1}{7}$, si ce nombre
s'élève à douze.

Il est à remarquer qu'avec les mêmes
lois et la même organisation de tribunaux, on trouve annuellement le même
nombre d'acquittemens sur un même
nombre donné d'accusés. On comptait
en France, en 1825, sur 7234 accusés,
4594 condamnés , et en 1826, sur 7613
accusés, 4912 condamnés ; d'où il suit
que sur 100 accusés , on en a condamné
64 la première année et 65 la seconde.
Cette identité de résultats est ef-
frayante , si l'on songe qu'elle doit s'é-

tendre aux innocens qu'elle atteint. La répression est un peu plus forte en Angleterre qu'en France; elle était de 69 en 1826, de 67 en 1825; et sa valeur moyenne pour les 10 années qui ont précédé était de 67; les plus grands écarts ont été de 2 unités. En 1826, la répression a été en Belgique de 84; ainsi, 16 individus seulement étaient acquittés sur 100 qui paraissaient devant les tribunaux; proportion affligeante, mais qui s'explique si l'on considère que nous n'avons pas le jury qui existe chez nos voisins. Ainsi la même institution du jury fournit en France et en Angleterre à peu près le même résultat malgré la dissemblance des lois : nous avons les mêmes lois que la France; mais qu'elle

différence dans l'application! telle est
cependant l'influence du mode de juger:
*le nombre des acquittemens était en
France et en Angleterre double de ce
qu'il était chez nous.*

On conçoit que les passions doivent
souvent déranger les calculs dans ce
qui concerne les témoignages et les décisions ; il en est de même pour les
élections. On peut cependant établir
des règles qui, toutes choses égales,
présentent des anomalies moindres ;
c'est ce but qu'on s'est particulièrement proposé d'atteindre dans les modes d'élection.

Le mode d'élection le plus usité est
celui qui a lieu à la majorité des voix,
il semble laisser peu de chose à désirer

quand il ne s'agit que de deux candidats; mais s'il s'en présente plusieurs, ce
mode peut avoir des inconvéniens.
Quand un électeur vote en effet pour
un candidat, il laisse indécis le degré
du mérite qu'il attribue aux autres.

Borda avait proposé de donner au
mérite respectif des candidats, des valeurs proportionnelles au rang qu'on
leur assignait dans le scrutin. Supposons par exemple douze votans et trois
candidats, *a* , *b* , *c;* supposons de plus
que le scrutin produise 7 fois le nom de
a au premier rang et 5 fois au troisième
rang, et que le nom de *b* paraisse seulement 5 fois au premier rang et 7 fois
au second. Si l'élection avait eu lieu à
la pluralité des voix , *a* aurait eu la pré-

férence ; par le scrutin de *Borda*, nous
allons voir que ce serait *b* qui aurait
la préférence : en effet, on trouve,
pour *a* ,

$$7 . 3 \text{ plus } 5 . 1 \text{ ou } 26,$$

et pour B,

$$5 . 3 \text{ plus } 7 . 2 \text{ ou } 29,$$

si ce scrutin se faisait de bonne foi, et
si la différence des numéros représen-
tait exactement les degrés d'estime , ce
mode d'élection devrait être préféré ;
mais il peut favoriser la cabale qui af-
fecterait de porter un candidat de mérite au dernier rang, et ouvrirait ainsi
une carrière avantageuse à la médio-
crité.

Le mode qui semble offrir le plus

d'avantage consiste à comparer les candidats deux à deux , pour avoir le vœu de la majorité. Ainsi, dans l'exemple précédent, supposons que les votes se soient partagés de cette manière :

$$
\begin{array}{rll}
6 & \text{pour} & \text{ABC,} \\
3 & - & \text{BCA,} \\
2 & - & \text{BAC,} \\
1 & - & \text{CAB.}
\end{array}
$$

En comparant les candidats deux à deux, on trouve que A a été préféré à B , 6 plus 1 fois ; et que B a été préféré à A , 3 plus 2 fois : le candidat A doit donc l'emporter sur B ; en le comparant à C, on trouverait qu'il l'emporte aussi sur lui.

Questions.

La théorie des décisions peut-elle être ramenée à celle des témoignages ?

Comment calcule-t-on la probabilité qu'une décision sera rendue à l'unanimité ?

Dans quel cas un jugement est-il commandé par l'intérêt général ?

Que doit-on observer relativement au nombre des juges, quand la majorité exigée reste la même ?

Que doit-on observer, quand la majorité doit être à la minorité dans un rapport géométrique constant ?

Quels sont les inconvéniens du mode d'élection à la majorité des voix ?

En quoi consiste le mode d'élection proposé par *Borda?*

Quel est le mode d'élection qui semble le plus avantageux?

—

XIXe LEÇON.

—

Conclusion.

Si nous résumons tout ce qui a précédé, nous serons portés à croire qu'il existe bien peu de choses dont nous puissions acquérir la certitude, et que la plupart de nos connaissances, celles même sur lesquelles nous nous reposons le plus, ne sont fondées que sur des probabilités plus ou moins fortes. Il est donc intéressant de pouvoir apprécier la valeur de ces probabilités, non pour en faire l'application à quel-

20

ques cas particuliers, qui mettraient
nos calculs constamment en défaut ;
mais pour nous élever à la connaissance
des résultats que doivent amener les
mêmes causes toujours agissantes ,
qu'elles soient connues ou que leur
existence et leur mode d'action soient
seulement révélés par l'expérience. Le
hasard , ce mot mystérieux dont on a
tant abusé, ne doit être-regardé que
comme servant à couvrir notre ignorance ; c'est un fantôme qui exerce
l'empire le plus absolu sur le vulgaire,
habitué à ne considérer les événemens
qu'isolément; mais qui s'anéantit devant le philosophe dont l'œil embrasse
une longue suite d'événémens , et dont
la pénétration ne saurait être mise en

défaut par des écarts qui disparaissent à
ses yeux quand il sait se placer assez
haut pour saisir les lois de la nature. Ces
lois sont éternelles, immuables comme
l'intelligence d'où elles découlent; il
n'est pas en notre pouvoir de les dénaturer; mais il est de la dignité de
l'homme de chercher à les saisir au
milieu des anomalies sans nombre qu'elles semblent présenter. Un des plus
grands mérites des sciences modernes
est d'avoir pu faire dépendre des nombres la détermination de la plupart des
grands principes qui paraissaient devoir leur échapper pour toujours ; cette
détermination n'a rien d'arbitraire ; elle
ne donne point prise aux subtilités de
mots dont on a tant abusé ; c'est par

des faits qu'elle s'obtient et par des faits dont elle puisse apprécier la valeur.

Ainsi l'on a vu le calcul des probabilités qui a pris naissance depuis moins de deux siècles, et qui avait essayé ses forces naissantes en montrant la vraie théorie qui doit régler les jeux de toute espèce, faire tout à coup une excursion dans le domaine des sciences naturelles pour indiquer les lois des naissances et de la mortalité, dans celui des sciences historiques pour apprécier la valeur des faits et des traditions, dans le sanctuaire de Thémis pour régler la composition des tribunaux ou pour donner la mesure de la bonté des jugemens; on l'a vu depuis sous différens noms s'emparer de la tribune et régler

les élections, ou énumérer les richesses
et les besoins des peuples par des nombres auxquels nulle éloquence humaine
ne pourrait résister. Tout ce qui peut
être exprimé numériquement devient
de son ressort; plus les sciences se per-
fectionnent, plus elles tendent à rentrer
dans son domaine, qui est une espèce
de centre vers lequel elles viennent
converger. On pourrait même, comme
je l'ai déjà fait observer ailleurs, juger
du degré de perfection auquel une
science est parvenue par la facilité plus
ou moins grande avec laquelle elle se
laisse aborder par le calcul, ce qui s'ac-
corde avec ce mot ancien qui se confirme
de jour en jour : *mundum numeri regunt.*

FIN.

TABLE DES MATIÈRES.

FIN DE LA TABLE.

CPSIA information can be obtained
at www.ICGtesting.com
Printed in the USA
BVHW041440200820
586925BV00010B/376